중학생을 위한

표준 한국어
익힘책

국립국어원 기획 • 심혜령 외 집필

마리북스

발간사

국립국어원에서는 교육부 2012년 '한국어 교육과정' 고시에 따라 교육과정을 반영한 학교급별 교재 개발을 진행하였습니다. 이어서 2017년 9월에 '한국어 교육과정'이 개정·고시(교육부 고시 제2017-131호)됨에 따라 2017년에 한국어(KSL) 교재 개발 기초 연구를 수행하였습니다. 그 연구 결과를 바탕으로 초등학교 교재 11권, 중고등학교 교재 6권을 개발하여 2019년 2월에 출판하였습니다.

교재에 이어서 학교 현장에서 다문화가정 학생들의 한국어 의사소통 및 학습 능력을 기르는 데 보탬이 되고자 익힘책을 개발하게 되었습니다. 교재와의 연계성을 높인 내용으로 구성하여 말 그대로 익힘책을 통해 한국어를 더 잘 익힐 수 있도록 노력하였습니다. 더불어 익힘책의 내용을 추가 반영한 지도서를 함께 출판하여 현장에서 애쓰시는 일선 학교 담당자들과 선생님들에게도 교재 사용의 길라잡이를 제공하고자 하였습니다.

'다문화'라는 말이 더 이상 낯설지 않은 한국 사회에서 다문화가정 학생들이 한국 사회 구성원으로서의 정체성 함양에 밑거름이 되는 한국어 능력을 기르는 데 《중고등학생을 위한 표준 한국어》가 도움이 되기를 바랍니다. 국립국어원에서는 이제껏 그래왔듯이 교재 개발 결과가 현장에서 보다 잘 활용될 수 있도록 돕기 위하여 교재 개발은 물론, 교원 연수 등을 통해 지속적으로 다문화가정 학생들의 한국어 능력 향상을 위해 노력하겠습니다.

끝으로 3년간 《중고등학생을 위한 표준 한국어》 교재와 익힘책, 지도서의 개발과 발간을 위해 애써 주신 교재 개발진과 출판사에 깊은 감사의 말씀을 드립니다.

2020년 1월

국립국어원장 소강춘

머리말

이제 한국은 경제, 사회, 문화 등 다양한 측면에서 국제화 시대를 선도하는 성공적인 글로벌 국가로 성장하였습니다. 이러한 대외적 글로벌화의 성공과 더불어 내부적으로도 본격적인 다문화 사회로의 전환 시대를 맞이하였습니다. 국제결혼, 근로 이민, 장단기 유학, 나아가 전향적 방향에서의 재외 동포 교류, 새터민 유입 등의 여러 가지 요인에 의해 지금까지의 민족 공동체, 문화 공동체, 국가 공동체의 개념을 뛰어넘는 한반도 내 삶의 공동체 시대를 살아가게 된 것입니다.

다양한 다문화 구성원들과 어떻게 조화롭고 공정하게 삶의 공동체를 꾸려 갈 것인가? 이것이 중요한 우리의 과제가 되고 있는 이때, 특히 다문화 배경을 가진 학령기 청소년, 이른바 KSL 학습자들은 우리 사회의 건강한 미래를 책임지게 될 것이라는 점에서 그들에 대한 모두의 관심과 배려가 더욱 필요합니다.

다행히 우리 사회는 이 부분에 있어 사회적 공감과 정책적 구체화에 일찌감치 눈을 떠 2017년 KSL 학습자의 언어, 문화, 학습의 특수성을 고려한 개정 '한국어 교육과정'을 마련하였고 그 교육과정의 구체적 구현을 위해 노력해 오고 있습니다. 특히 2018년에는 교육 현장의 다양성을 고려한 모듈형 교재가 새롭게 개발되었습니다. 이 교재는 학습자와 교육 현장의 개별성에 맞게 활용할 수 있는 확장성과 활용성을 높인 '개별 교육 현장 적합형 모듈 교재'로서 현재 다양한 교육 현장에서 학생 맞춤형의 교육에 활용되고 있습니다.

그리고 이제 이러한 현장 적합형 모듈 교재를 그 취지와 현장의 개별성에 맞추어 효율적으로 사용하는 데에 도움을 주기 위한 목적으로 KSL 한국어 학습과 연습을 위한 《중고등학생을 위한 표준 한국어 익힘책》이 개발되어 교육 현장에서 활용 가능하게 되었습니다.

이 익힘책은, 교재가 의사소통을 위한 교재와 학습을 위한 교재로 나뉘어 있는 만큼 각각 〈의사소통 한국어 익힘책〉과 〈학습 도구 한국어 익힘책〉의 두 가지 유형으로 개발하였습니다. 특히 〈의사소통 한국어 익힘책〉은 단계별로 학습한 내용을 충실히 연습하게 하는 것은 물론이고, 현장마다의 특수성에 따라 모듈화하여 활용하게 한 모듈 교재의 적절한 활용을 위해 특정 단계 학습 전 자가 진단이 가능하도록 자가 진단의 익힘 문제들을 따로 구성하였습니다. 이를 통해 교육과 학습의 적절성 및 편의성을 도모하고자 하였습니다. 뿐만 아니라 단원별로 학습하고 연습한 내용을 권당 한 회씩 등급별로 종합하여 재복습할 수 있게 함으로써 의사소통 능력 향상의 실제화를 꾀하였습니다.

〈학습 도구 한국어 익힘책〉은 학령별 특성을 감안하여 중학생용과 고등학생용으로 나누어 개발하였습니다. 그래서 다문화 배경을 가진 중학생과 고등학생이 학업을 수행하기 위해 요구되는 기본적인 학습 기능을 복습하고, 학습한 교재의 내용을 충분히 연습할 수 있도록 하였습니다. 뿐만 아니라, 학교생활에 필요한 학습 기능을 다양한 학습 활동에서 응용하여 익힐 수 있도록 연계성을 높여 구성하였습니다.

이렇듯 익힘책은 《표준 한국어》 교재가 가진 효율성을 극대화하고 더 나아가 교재가 가진 현실적 한계를 극복하여 보충, 심화 교육 자료로서의 역할도 담당하게 될 것입니다. 이 익힘책이 교육 현장에서 적극적으로 활용될 수 있기를 기대합니다.

다문화 배경의 학령기 청소년이 자신의 언어적, 학습적 특성에 맞게 〈의사소통 한국어〉와 〈학습 도구 한국어〉를 효율적으로 학습하는 데에 도움을 주고자 진행된 이번 익힘책 개발은 여러 기관과 많은 관계자들의 지원과 노력이 없이는 불가능했습니다. 우선 이 새로운 방식의 익힘책이 완성되기까지 지지와 지원을 아끼지 않으신 교육부와 국립국어원 관계자 여러분께 깊이 감사드립니다. 또한 새 시대에 맞는 새 교재가 보다 효율적으로 사용될 수 있도록 새로운 익힘책을 만들어 보자는 의지와 열정으로 익힘책 집필에 노력을 다 바쳐 온 집필진 모두에게 진심에서 우러나오는 감사를 드립니다. 더불어 시대의 흐름과 청소년 학습자 선호도에 맞춘 편집과 삽화 등으로 교재에 이어 익힘책의 새로운 방향을 마련해 주신 마리북스 출판사에도 감사의 말씀을 드립니다.

이 교재 집필진 및 관계자와 이 사회 구성원 모두의 지지와 염원이 담긴 본 익힘책이 KSL 학습자의 특수성에 부합되고 필요성을 충족시키면서 보충과 심화의 교육 기능까지도 담당하여, 생활과 학업에서 성취를 이루는 데에 기여할 수 있기를 희망합니다.

2020년 1월

저자 대표 심혜령

일러두기

《중학생을 위한 표준 한국어 익힘책》(학습 도구)는 다문화 배경을 가진 중학생들이 학업을 수행하기 위해 요구되는 가장 기본적인 학습 기능을 학습한 후 교재의 내용을 충분히 연습할 수 있도록 연계성을 높여 구성하였다. 원활한 중학교 학업 수행을 위한 디딤돌 역할을 해 줄 교과 관련 주제와 텍스트 활동으로 구성된 총 16개의 단원으로 이루어져 있다.

〈구성〉

- 익힘책의 각 단원은 '어휘와 문법', '학습 활동', '학습 기능'으로 구성되어 있다.
- '어휘와 문법'은 '학습 도구 어휘 및 문법 확인하기', '학습 활동'은 '학습 활동 확인하기', '알쓸어휘', '학습 활동 더 알아보기'로 구성되어 있다.
- 〈학습 도구 익힘책〉은 〈의사소통 3, 4〉의 '꼭 배워요'와 연계되는 동시에 '더 배워요'와 대응되는 영역이다. 〈의사소통 3, 4〉의 16개 단원과 〈학습 도구〉의 16개의 단원은 각각 연계되어 있어 교육 현장의 상황에 따라 〈의사소통〉의 '더 배워요'와 〈학습 도구〉 중에 하나를 선택할 수 있다.

〈교재 활용 정보〉

- 학습자 스스로 학습해야 할 내용에 대한 이해를 돕는 다양한 보충 문제를 연습할 수 있다.
- 교사는 교육 현장의 특성(학습자의 요구, 교육 시간, 학급 운영 상황 등)에 맞게 자료를 선택적으로 사용할 수 있다.

〈단원 구성〉

각 단원은 '도입, 어휘와 문법, 학습 활동, 학습 기능' 4개로 구성하였다.

〈단원별 구성 내용〉

1. 도입: 단원명 → 학습 목표 → 삽화 → 단원 학습 내용
2. 어휘와 문법: 학습 도구 어휘 및 문법 확인하기
3. 학습 활동: 학습 활동 확인하기 → 알쓸어휘 → 학습 활동 더 알아보기
4. 학습 기능: 학습 기능 확인하기 → 학습 기능 익히기 → 학습 기능 더 익히기

〈도입〉

■ 도입에 단원명, 학습 목표, 단원 학습 내용을 명확하게 제시하였다.

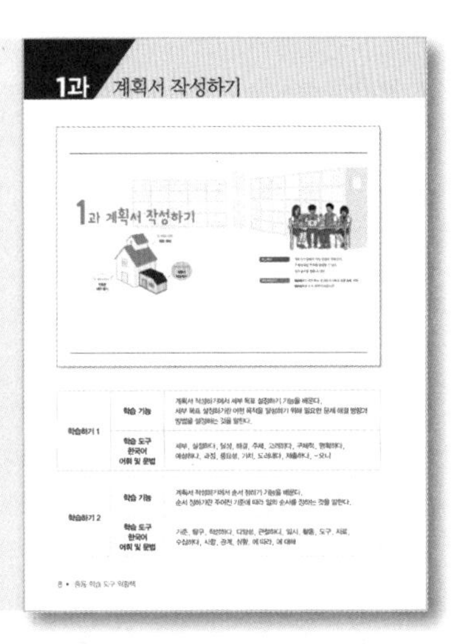

1과 계획서 작성하기

학습하기 1	학습 기능	계획서 작성하기에서 세부 목표 설정하기 기능을 배운다. 세부 목표 설정하기란 어떤 목적을 달성하기 위해 필요한 문제 해결 방향과 방법을 설정하는 것을 말한다.
	학습 도구 한국어 어휘 및 문법	세부, 설정하다, 달성, 해결, 주제, 고려하다, 구체적, 명확하다, 예상하다, 과정, 중요성, 가치, 드러내다, 제출하다, -으니
학습하기 2	학습 기능	계획서 작성하기에서 순서 정하기 기능을 배운다. 순서 정하기란 주어진 기준에 따라 일의 순서를 정하는 것을 말한다.
	학습 도구 한국어 어휘 및 문법	기준, 탐구, 작성하다, 다양성, 관찰하다, 일시, 활동, 도구, 자료, 수집하다, 사항, 관계, 상황, 에 따라, 에 대해

8 • 중등 학습 도구 익힘책

〈어휘와 문법〉

학습 도구 어휘 및 문법 확인하기

■ 교재에서 학습한 학습 도구 어휘 및 문법의 의미를 명확히 이해했는지, 잘 사용할 수 있는지를 확인할 수 있는 연습 문제를 구성하였다.

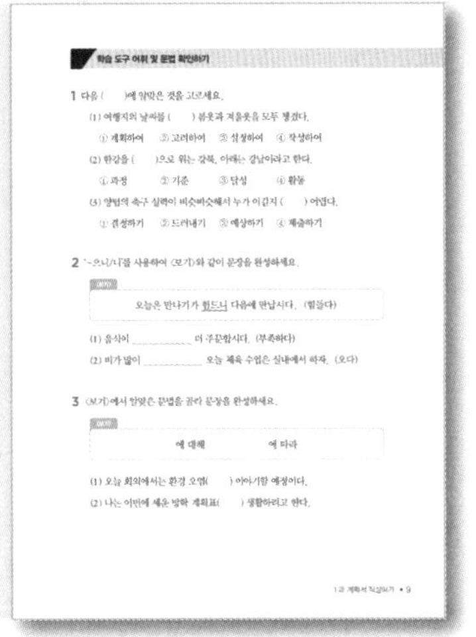

학습 도구 어휘 및 문법 확인하기

1 다음 (　　)에 알맞은 것을 고르세요.

(1) 여행지의 날씨를 (　　) 봄옷과 겨울옷을 모두 챙겼다.

① 계획하여 ② 고려하여 ③ 설정하여 ④ 작성하여

(2) 한강을 (　　)으로 위는 강북, 아래는 강남이라고 한다.

① 과정 ② 기준 ③ 달성 ④ 활동

(3) 양팀의 축구 실력이 비슷비슷해서 누가 이길지 (　　) 어렵다.

① 결정하기 ② 드러내기 ③ 예상하기 ④ 제출하기

2 '-으니/니'를 사용하여 〈보기〉와 같이 문장을 완성하세요.

〈보기〉 오늘은 만나기가 힘드니 다음에 만납시다. (힘들다)

(1) 음식이 ________ 더 주문합시다. (부족하다)

(2) 비가 많이 ________ 오늘 체육 수업은 실내에서 하자. (오다)

3 〈보기〉에서 알맞은 문법을 골라 문장을 완성하세요.

〈보기〉 에 대해　　에 따라

(1) 오늘 회의에서는 환경 오염(　　) 이야기할 예정이다.

(2) 나는 이번에 세운 방학 계획표(　　) 생활하려고 한다.

1과 계획서 작성하기 • 9

〈학습 활동〉

① 학습 활동 확인하기

■ 알맞은 어휘 넣기, 관계있는 것끼리 연결하기, 내용 이해 확인 문제 등 1~2개의 문항으로 구성하였다.

② 알쓸어휘

■ '알면 쓸모 있는 어휘'로 학습 활동 설명에서 제시된 어휘 중에서 교재에서 제시되지 않았지만 그 등급에서 알아야 할 어휘를 제시하였다.

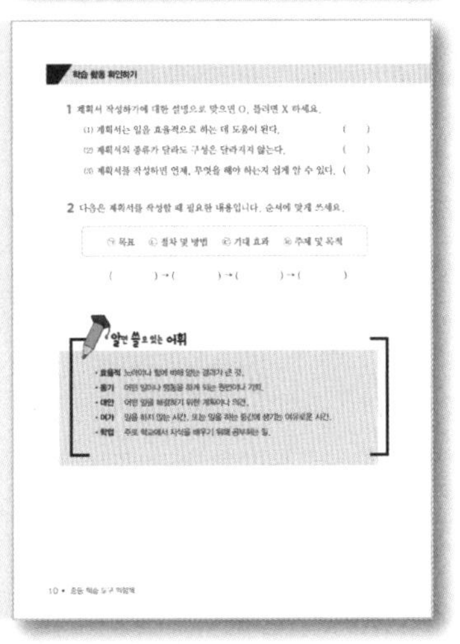

학습 활동 확인하기

1 계획서 작성하기에 대한 설명으로 맞으면 O, 틀리면 X 하세요.

(1) 계획서는 일을 효율적으로 하는 데 도움이 된다. (　　)

(2) 계획서의 종류가 달라도 구성은 달라지지 않는다. (　　)

(3) 계획서를 작성하면 언제, 무엇을 해야 하는지 쉽게 알 수 있다. (　　)

2 다음은 계획서를 작성할 때 필요한 내용입니다. 순서에 맞게 쓰세요.

㉠ 목표 ㉡ 절차 및 방법 ㉢ 기대 효과 ㉣ 주제 및 목적

(　　) → (　　) → (　　) → (　　)

알면 쓸모 있는 어휘

- 효율적 노력이나 힘에 비해 얻는 결과가 큰 것.
- 동기 어떤 일이나 행동을 하게 되는 원인이나 기회.
- 대안 어떤 일을 해결하기 위한 계획이나 의견.
- 여가 일을 하지 않는 시간. 또는 일을 하는 중간에 생기는 여유로운 시간.
- 학업 주로 학교에서 지식을 배우기 위해 공부하는 일.

10 • 중등 학습 도구 익힘책

일러두기

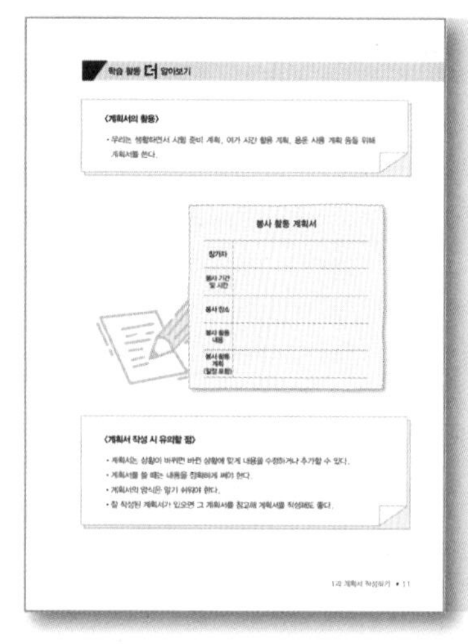
학습 활동 더 알아보기

〈계획서의 활용〉

- 우리는 생활하면서 시험 준비 계획, 여가 시간 활용 계획, 용돈 사용 계획 등을 위해 계획서를 쓴다.

봉사 활동 계획서

참가자	
봉사 기간 및 시간	
봉사 장소	
봉사 활동 내용	
봉사 활동 계획 (일정 포함)	

〈계획서 작성 시 유의할 점〉

- 계획서는 상황이 바뀌면 바뀐 상황에 맞게 내용을 수정하거나 추가할 수 있다.
- 계획서를 쓸 때는 내용을 정확하게 써야 한다.
- 계획서의 형식은 알기 쉬워야 한다.
- 잘 작성된 계획서가 있으면 그 계획서를 참고해 계획서를 작성해도 좋다.

1과 계획서 작성하기 • 11

③ 학습 활동 더 알아보기

■ 해당 학습 활동과 관련하여 교재에서 제시되지는 않았으나 학습자들이 알고 있으면 학습 활동 이해에 도움이 되는 유용한 정보들을 추가로 제시하였다.

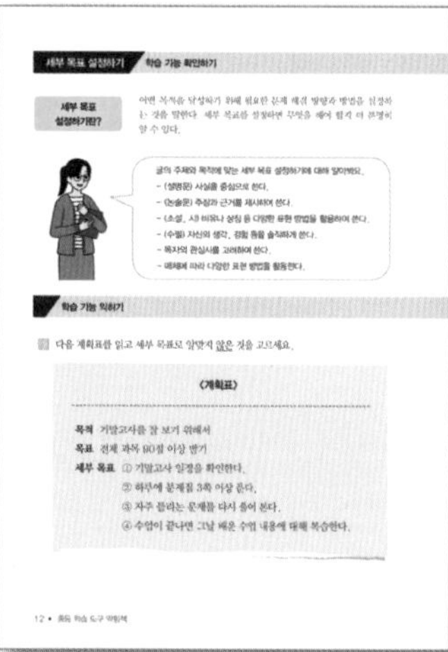
세부 목표 설정하기 / 학습 기능 확인하기

세부 목표 설정하기란?

어떤 목적을 달성하기 위해 필요한 문제 해결 방향과 방법을 설정하는 것을 말한다. 세부 목표를 설정하면 무엇을 해야 할지 더 분명히 알 수 있다.

학습 기능 익히기

다음 계획표를 읽고 세부 목표로 알맞지 않은 것을 고르세요.

〈계획표〉

목적 기말고사를 잘 보기 위해서
목표 전체 과목 90점 이상 받기
세부 목표 ① 기말고사 일정을 확인한다.
② 하루에 문제집 3쪽 이상 푼다.
③ 자주 틀리는 문제를 다시 풀어 본다.
④ 수업이 끝나면 그날 배운 수업 내용에 대해 복습한다.

12 • 중등 학습 도구 익힘책

〈학습 기능〉

① 학습 기능 확인하기

■ 교재에서 학습한 학습 기능 1과 2를 익힐 수 있는 문제를 순서대로 구성하였다.

■ 교재에 제시한 학습 기능에 대한 내용을 요약 정리한 내용과 추가로 제공할 정보를 제시하였다.

② 학습 기능 익히기

■ 교재 학습 시 익힌 학습 기능을 연습하고 확인하는 활동을 제시하였다.

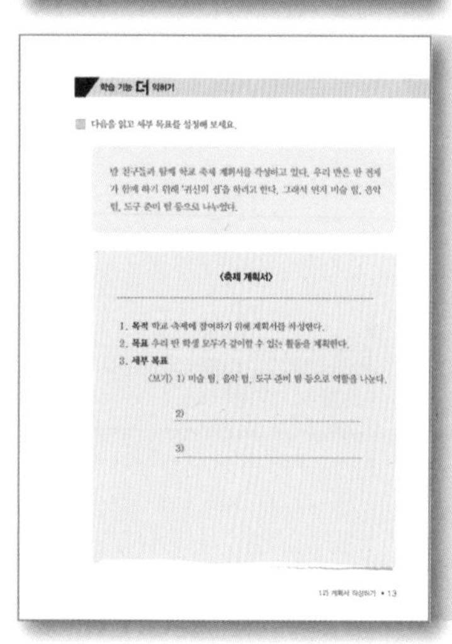
학습 기능 더 익히기

다음을 읽고 세부 목표를 설정해 보세요.

반 친구들과 함께 학교 축제 계획서를 작성하고 있다. 우리 반은 반 전체가 함께 하기 위해 '귀신의 집'을 하려고 한다. 그래서 먼저 미술 팀, 음악 팀, 도구 준비 팀 등으로 나누었다.

〈축제 계획서〉

1. 목적 학교 축제에 참여하기 위해 계획서를 작성한다.
2. 목표 우리 반 학생 모두가 같이할 수 있는 활동을 계획한다.
3. 세부 목표
〈보기〉 1) 미술 팀, 음악 팀, 도구 준비 팀 등으로 역할을 나눈다.
2) ______
3) ______

1과 계획서 작성하기 • 13

③ 학습 기능 더 익히기

■ 교재 내용에 있는 학습 활동 외에 해당 학습 기능에 적합한 학습 활동을 선택하여 그 학습 활동 시에 해당 학습 기능을 어떻게 활용할 수 있을지 응용하여 연습해 보는 응용 활동을 제시하였다.

차례

1과 계획서 작성하기

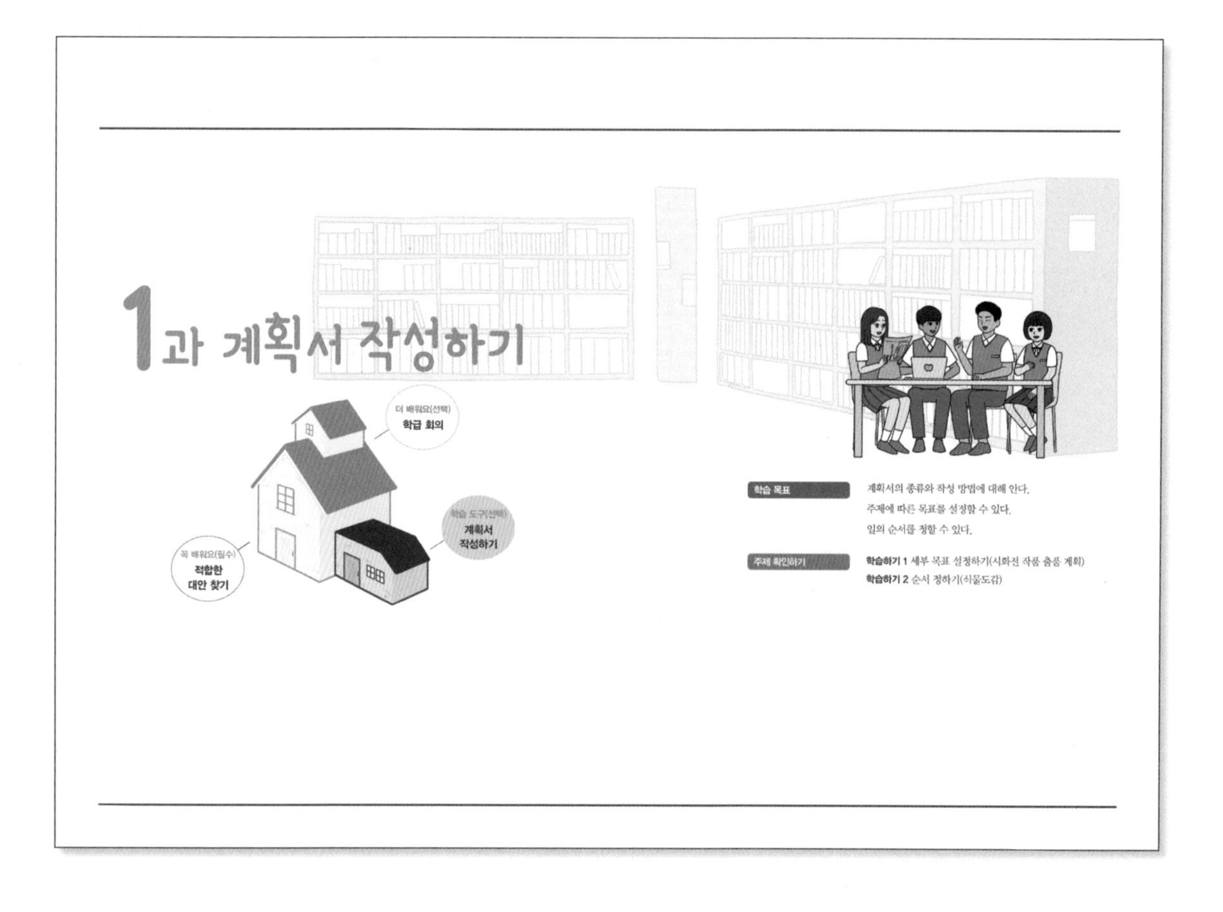

학습하기 1	학습 기능	계획서 작성하기에서 세부 목표 설정하기 기능을 배운다. 세부 목표 설정하기란 어떤 목적을 달성하기 위해 필요한 문제 해결 방향과 방법을 설정하는 것을 말한다.
	학습 도구 한국어 어휘 및 문법	세부, 설정하다, 달성, 해결, 주제, 고려하다, 구체적, 명확하다, 예상하다, 과정, 중요성, 가치, 드러내다, 제출하다, -으니

학습하기 2	학습 기능	계획서 작성하기에서 순서 정하기 기능을 배운다. 순서 정하기란 주어진 기준에 따라 일의 순서를 정하는 것을 말한다.
	학습 도구 한국어 어휘 및 문법	기준, 탐구, 작성하다, 다양성, 관찰하다, 일시, 활동, 도구, 자료, 수집하다, 사항, 관계, 상황, 에 따라, 에 대해

학습 도구 어휘 및 문법 확인하기

1. 다음 (　　)에 알맞은 것을 고르세요.

(1) 여행지의 날씨를 (　　) 봄옷과 겨울옷을 모두 챙겼다.

① 계획하여　② 고려하여　③ 설정하여　④ 작성하여

(2) 한강을 (　　)으로 위는 강북, 아래는 강남이라고 한다.

① 과정　② 기준　③ 달성　④ 활동

(3) 양 팀의 축구 실력이 비슷비슷해서 누가 이길지 (　　) 어렵다.

① 결정하기　② 드러내기　③ 예상하기　④ 제출하기

2. '-으니/니'를 사용하여 〈보기〉와 같이 문장을 완성하세요.

〈보기〉

오늘은 만나기가 <u>힘드니</u> 다음에 만납시다. (힘들다)

(1) 음식이 ____________ 더 주문합시다. (부족하다)

(2) 비가 많이 ____________ 오늘 체육 수업은 실내에서 하자. (오다)

3. 〈보기〉에서 알맞은 문법을 골라 문장을 완성하세요.

〈보기〉

에 대해　　　에 따라

(1) 오늘 회의에서는 환경 오염________ 이야기할 예정이다.

(2) 나는 이번 방학 동안 계획표________ 생활하려고 한다.

학습 활동 확인하기

1. 계획서 작성하기에 대한 설명으로 맞으면 ○, 틀리면 × 하세요.

(1) 계획서는 일을 효율적으로 하는 데 도움이 된다. (　　)

(2) 계획서의 종류가 달라도 구성은 달라지지 않는다. (　　)

(3) 계획서를 작성하면 언제, 무엇을 해야 하는지 쉽게 알 수 있다. (　　)

2. 다음은 계획서를 작성할 때 필요한 내용입니다. 순서에 맞게 쓰세요.

㉠ 목표	㉡ 절차 및 방법	㉢ 기대 효과	㉣ 주제 및 목적

(　　　　) → (　　　　) → (　　　　) → (　　　　)

알면 쓸모 있는 어휘

- **효율적** 노력이나 힘에 비해 얻는 결과가 큰 것.
- **동기** 어떤 일이나 행동을 하게 되는 원인이나 기회.
- **대안** 어떤 일을 처리하거나 해결하기 위한 계획이나 의견.
- **여가** 일을 하지 않는 시간. 또는 일을 하는 중간에 생기는 여유로운 시간.
- **학업** 학교에서 지식을 배우기 위해 공부하는 일.

학습 활동 더 알아보기

〈계획서의 활용〉

• 우리는 생활하면서 시험 준비 계획, 여가 시간 활용 계획, 용돈 사용 계획 등을 위해 계획서를 쓴다.

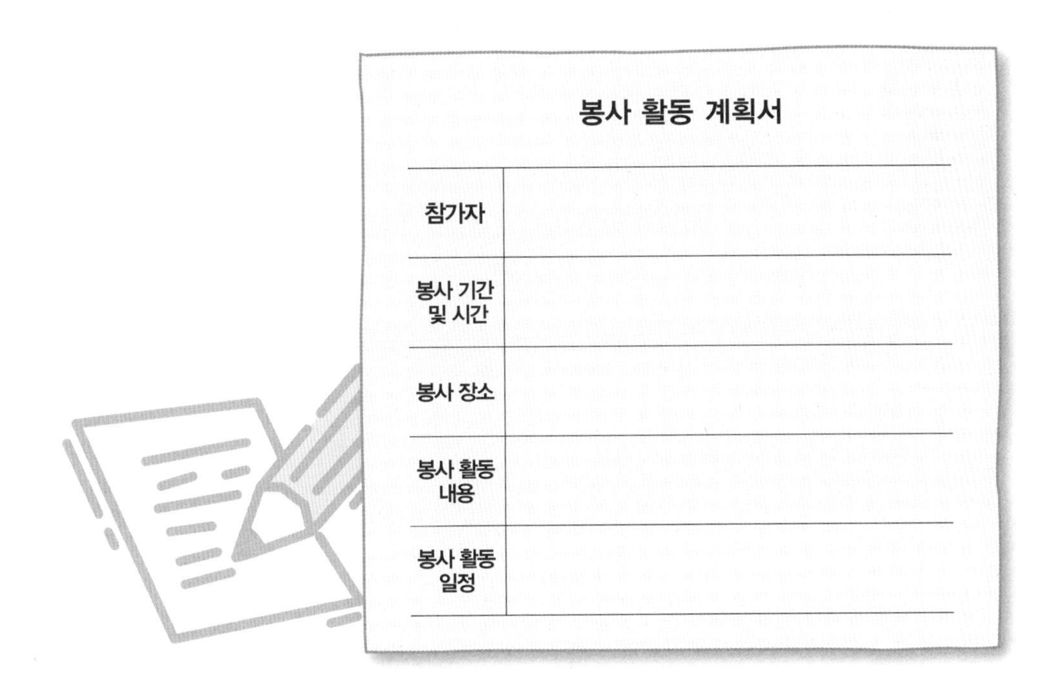

봉사 활동 계획서

참가자	
봉사 기간 및 시간	
봉사 장소	
봉사 활동 내용	
봉사 활동 일정	

〈계획서 작성 시 유의할 점〉

• 계획서는 상황이 바뀌면 바뀐 상황에 맞게 내용을 수정하거나 추가할 수 있다.

• 계획서를 쓸 때는 내용을 정확하게 써야 한다.

• 계획서의 양식은 알기 쉬워야 한다.

• 잘 작성된 계획서가 있으면 그 계획서를 참고해 계획서를 작성해도 좋다.

세부 목표 설정하기 학습 기능 확인하기

세부 목표 설정하기란?

어떤 목적을 달성하기 위해 필요한 문제 해결 방향과 방법을 설정하는 것을 말한다. 세부 목표를 설정하면 무엇을 해야 할지 더 분명히 알 수 있다.

글의 주제와 목적에 맞는 세부 목표 설정하기에 대해 알아봐요.
- (설명문) 사실을 중심으로 쓴다.
- (논술문) 주장과 근거를 제시하여 쓴다.
- (소설, 시) 비유나 상징 등 다양한 표현 방법을 활용하여 쓴다.
- (수필) 자신의 생각, 경험 등을 솔직하게 쓴다.
- 독자의 관심사를 고려하여 쓴다.
- 매체에 따라 다양한 표현 방법을 활용한다.

학습 기능 익히기

다음을 읽고 세부 목표로 알맞지 않은 것을 고르세요.

〈계획표〉

목적 기말고사를 잘 보기 위해서

목표 전체 과목 90점 이상 받기

세부 목표 ① 기말고사 일정을 확인한다.
② 하루에 문제집 3쪽 이상 푼다.
③ 자주 틀리는 문제를 다시 풀어 본다.
④ 수업이 끝나면 그날 배운 수업 내용에 대해 복습한다.

학습 기능 더 익히기

▨ 다음을 읽고 세부 목표를 설정해 보세요.

반 친구들과 함께 학교 축제 계획서를 작성하고 있다. 우리 반은 반 전체가 함께 하기 위해 '귀신의 집'을 하려고 한다. 그래서 먼저 미술 팀, 음악 팀, 도구 준비 팀 등으로 나누었다.

〈축제 계획서〉

---

1. **목적** 학교 축제에 참여하기 위해 계획서를 작성한다.
2. **목표** 우리 반 학생 모두가 같이할 수 있는 활동을 계획한다.
3. **세부 목표**

〈보기〉 ① 미술 팀, 음악 팀, 도구 준비 팀 등으로 역할을 나눈다.

② ____________________

③ ____________________

순서 정하기 / 학습 기능 확인하기

순서 정하기란?

주어진 기준에 따라 일의 순서를 정하는 것을 말한다. 어떤 일을 하기 전에 미리 순서를 정하면 일을 효율적으로 할 수 있다.

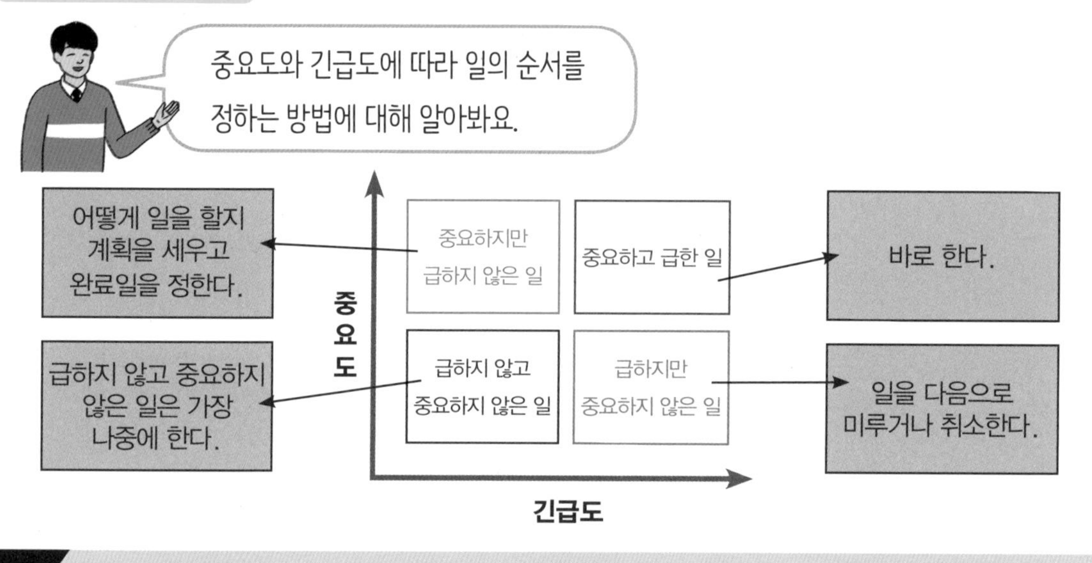

학습 기능 익히기

다음 글을 읽고 일의 순서를 정할 때 사용한 방법을 고르세요.

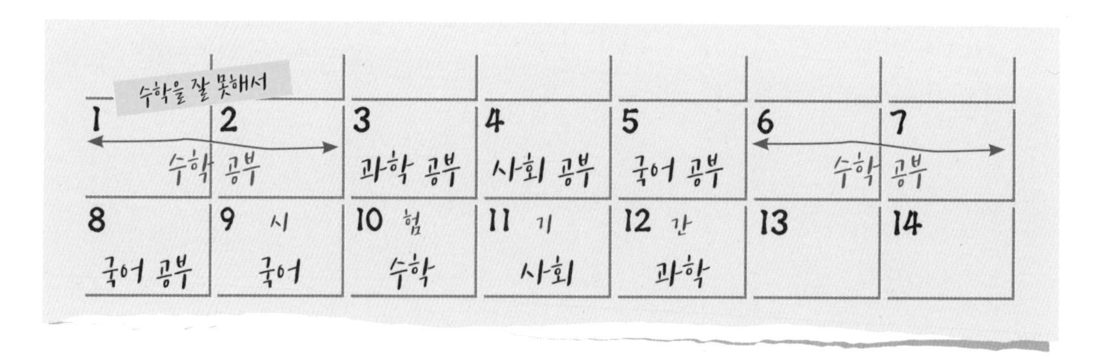

① 주변 환경을 고려하여 순서를 정했다.

② 자신의 상황을 고려하여 순서를 정했다.

③ 일반적인 선후 관계에 따라 순서를 정했다.

④ 중요한 것부터 덜 중요한 것으로 순서를 정했다.

학습 기능 더 익히기

▨ 다음을 읽고 순서를 정해 보세요.

친구들과 사회 과목의 '지역 문화재'에 대해 함께 공부하는 협동 학습을 한다. 지역 문화재에 대해 좀 더 자세히 공부하고 싶다. 그래서 박물관과 사진 전시회, 문화재가 있는 장소에 직접 가서 공부하려고 한다. 박물관에 가면 문화재에 대한 다양한 정보를 얻을 수 있다. 사진 전시회에서는 문화재의 안쪽 모습을 찍은 사진을 전시하고 있다. 어디부터 가는 것이 좋을까?

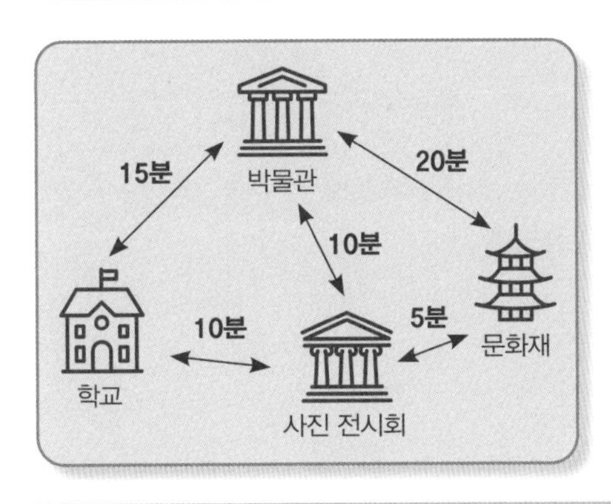

고려 사항

- 문화재의 안쪽 공간에 들어갈 수 없다.
- 박물관은 사진 전시회보다 일찍 문을 닫는다.
- 문화재는 아침, 점심, 저녁 언제든지 볼 수 있다.

(1) 문화재의 실제 모습을 보는 것이 가장 중요해. 중요도를 고려하면 ______부터 가야 해.

(2) 보통 어떤 대상을 직접 보기 전에 그 대상에 대해 여러 가지 정보를 찾아보잖아. 우리도 이 순서에 따라 ________에 간 다음에 ______에 가면 더 잘 이해할 수 있을 거야.

(3) 그것도 맞는 말이야.
하지만 상황을 고려해 보면 (   ) → (   ) →
(   ) 순서로 가는 게 좋을 것 같아.

2과 협동 학습 하기

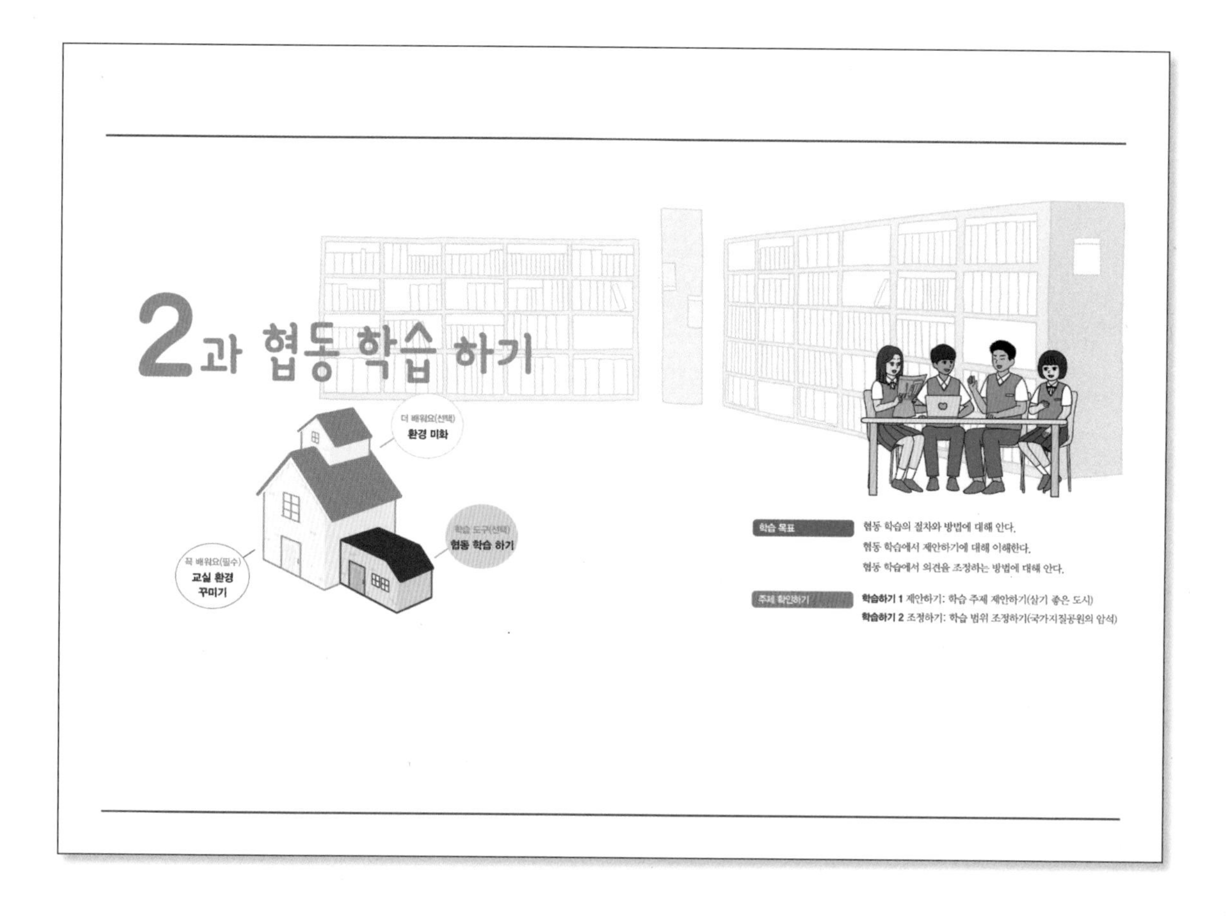

학습하기 1	학습 기능	협동 학습 하기에서 제안하기 기능을 배운다. 제안하기란 일을 더 좋은 방향으로 이끌기 위해 의견을 내는 것을 말한다.
	학습 도구 한국어 어휘 및 문법	제안하다, 의견, 발표, 구분하다, 설치하다, 근거, 주장하다, 표현, 단원, 관련, 활용하다, -으며

학습하기 2	학습 기능	협동 학습 하기에서 조정하기 기능을 배운다. 조정하기란 여러 사람의 의견이 일치되지 않을 때 서로 의논하고 양보하여 의견을 일치시키거나 의견 차이를 좁히는 것을 말한다.
	학습 도구 한국어 어휘 및 문법	조정하다, 일치되다, 차이, 조사하다, 대상, 범위, 정보, 타당성, 합리성, 논의하다, 요청하다, 집중하다, 동의하다

학습 도구 어휘 및 문법 확인하기

1. 다음 (　　)에 알맞은 것을 고르세요.

(1) 주변이 시끄러워서 공부에 (　　) 수가 없다.

① 구분할　② 의논할　③ 조사할　④ 집중할

(2) 홍수, 가뭄, 태풍 등은 지구 온난화와 (　　)이/가 있다.

① 관련　② 단원　③ 정보　④ 표현

(3) 자신의 힘으로 해결하기 어려운 문제가 생기면 다른 사람에게 도움을 (　　) 것이 좋다.

① 동의하는　② 설치하는　③ 요청하는　④ 조정하는

2. '-으며/며'를 사용하여 〈보기〉와 같이 문장을 완성하세요.

〈보기〉

아이는 노래를 부르며 춤을 췄다. (부르다)

(1) 강아지는 꼬리를 ____________ 나에게 달려왔다. (흔들다)

(2) 최근 게임을 ____________ 식사하는 사람들이 늘고 있다. (하다)

3. 다음 밑줄 친 부분과 의미가 반대인 것을 고르세요.

나는 경험이 중요하다는 친구의 의견에 동의했다.

① 고려했다　② 반대했다　③ 설정했다　④ 일치했다

4. 다음 밑줄 친 부분과 의미가 비슷한 것을 고르세요.

나는 진학 문제에 대하여 선생님과 논의했다.

① 결정했다　② 관찰했다　③ 의논했다　④ 제출했다

학습 활동 확인하기

1. 협동 학습에 대한 설명으로 맞으면 ○, 틀리면 × 하세요.

(1) 자신이 맡은 역할을 잘 수행해야 한다. (　　　)

(2) 각자 조사한 자료는 각자 활용하면 된다. (　　　)

(3) 혼자 하기 힘들 때에는 서로 도움을 주고받아야 한다. (　　　)

2. 다음은 협동 학습의 한 과정에 대한 설명입니다. 어느 과정인지 ✔하세요.

> 친구들과 함께 공부하다 보면 서로 의견이 다를 때도 있다.
> 그럴 때 생각이나 의견을 맞춰 가는 것도 '협동 학습'의 중요한
> 과정 중 하나이다.

□	□	□	□	□
준비하기	학습 주제 선정하기	학습 범위 정하기	조정하기	제안하기

알면 쓸모 있는 어휘

- **수행하다** 일을 생각하거나 계획한 대로 해내다.
- **합하다** 여럿을 하나로 모으다.
- **참여하다** 여러 사람이 같이하는 어떤 일에 끼어들어 함께 일하다.
- **부여하다** 의미, 임무 등을 맡게 하다.
- **책임** 맡은 일이나 반드시 해야 하는 일.
- **선정하다** 여럿 가운데에서 목적에 맞는 것을 골라 정하다.

학습 활동 더 알아보기

〈협동 학습의 장점〉

함께 공부하면 혼자 할 때보다 더 재미있어요.

다른 사람에게 정보를 얻는 방법, 질문을 하는 방법, 부탁하는 방법 등을 배울 수 있어요.

〈효과적인 협동 학습 방법〉

- 협동 학습을 하는 모든 학생이 참여해야 한다.
- 단계에 따라 무엇을 할지 목표를 분명하게 세운다.
- 각자 자신이 맡은 일이 무엇인지 알아야 한다.
- 결론을 내는 것에만 집중하지 말고 소수의 의견도 잘 듣는다.
- 협동 학습을 언제까지 마무리해야 하는지 알아야 한다.
- 모임을 마치기 전에 오늘 모임이 어땠는지 평가하고 다음 모임에서 할 일을 정한다.

〈협동 학습 시 주의할 점〉

- 사람마다 잘하는 과목, 자신 있는 영역, 공부하는 방법 등이 다르다. 서로의 다른 점을 존중하며 차이 속에서 장점을 찾고 본받기 위해 노력해야 할 것이다.
- 협동 학습에서 가장 중요한 것은 하나가 되어 공동의 목적을 달성하는 것이다. 특히 친밀감은 일의 능률을 높여 주므로 팀원 간에 친밀감을 키울 수 있도록 노력해야 할 것이다.

제안하기 / 학습 기능 확인하기

제안하기란?

일을 더 좋은 방향으로 이끌기 위해 의견을 내는 것을 말한다. 제안을 통해 다른 사람의 생각이나 행동을 더 좋은 쪽으로 바꿀 수 있다.

제안하는 상황에서 사용할 수 있는 표현은 다음과 같아요. 문제 상황을 나타낼 때는 '요즘 -고 있다, 이/가 심각해지고 있다, 가장 큰 문제점은 ~이다' 등의 표현을 사용해요. 제안하는 이유를 쓸 때는 '왜냐하면 -기 때문이다, 만약 -으면/면 -을/ㄹ 수 있다' 등의 표현을 사용해요.

학습 기능 익히기

▨ 다음 중 제안을 가장 잘한 사람을 고르세요.

학습 기능 더 익히기

▨ 다음을 읽고 제안해 보세요.

선영이와 친구들은 '일상생활에서 줄임말을 사용해도 되는가'를 주제로 토론을 하려고 한다. 선영이네 팀은 일상생활에서 줄임말을 사용해도 된다고 생각한다. 토론을 진행하기 전에 팀원이 모여 주장에 대해 무슨 내용을 근거로 들면 좋을지 제안하고 있다.

조정하기 학습 기능 확인하기

조정하기란?

여러 사람의 의견이 일치되지 않을 때 서로 의논하고 양보하여 의견을 일치시키거나 의견 차이를 좁히는 것을 말한다. 조정하기를 통해 구성원 모두가 만족할 수 있는 결과를 얻을 수 있다.

선생님, 조정하는 방법에는 어떤 것들이 있어요?

모든 사람의 의견이 같은 '만장일치로 조정하기'와 많은 사람의 의견에 따라 결정을 하는 '다수결로 조정하기'가 있어요.

학습 기능 익히기

다음 중 조정을 잘한 사람을 고르세요.

① 선영: 조정 결과가 나올 때까지 계속해서 의논해야 해.

② 정호: 쉽게 조정할 수 있는 부분은 혼자서 결정해도 돼.

③ 안나: 조정할 때에는 내 의견을 강하게 주장하는 것이 좋아.

④ 영수: 조정하기가 어려울 때는 다른 사람에게 질문해 보는 것도 좋아.

학습 기능 더 익히기

▨ 다음을 읽고 조정해 보세요.

'학교 안에 CCTV가 있어야 하는가'를 주제로 토론을 할 것이다. 이번 토론은 찬성 팀과 반대 팀이 각각 두 가지 주장을 할 수 있다. 그래서 토론을 시작하기 전에 어떤 주장을 할 것인지 의견을 조정하려고 한다.

① CCTV가 있으면 싸움, 안전사고 등 여러 가지 학교 문제가 생기지 않게 미리 막을 수 있어.

② 맞아. CCTV는 사람들에게 주의를 줘. 그래서 CCTV가 있으면 사람들이 나쁜 행동을 하지 않을 거야.

③ CCTV가 있으면 사고가 생겼을 때 도움이 돼. CCTV를 확인해서 사고의 잘못이 누구에게 있는지 알 수 있어.

④ 학교 안에 CCTV가 있으면 없을 때보다 마음이 편안하지 않아? 그리고 부모님도 걱정을 덜 하시게 될 거야.

우리가 생각한 의견이 모두 네 가지네. 이 중에서 두 가지만 반대 팀에 주장할 수 있어. 어떤 의견을 주장하는 게 좋을까? 네 가지 의견을 두 가지로 조정해 보자.

〈조정 결과〉

주장 1:

주장 2:

3과 보고서 쓰기

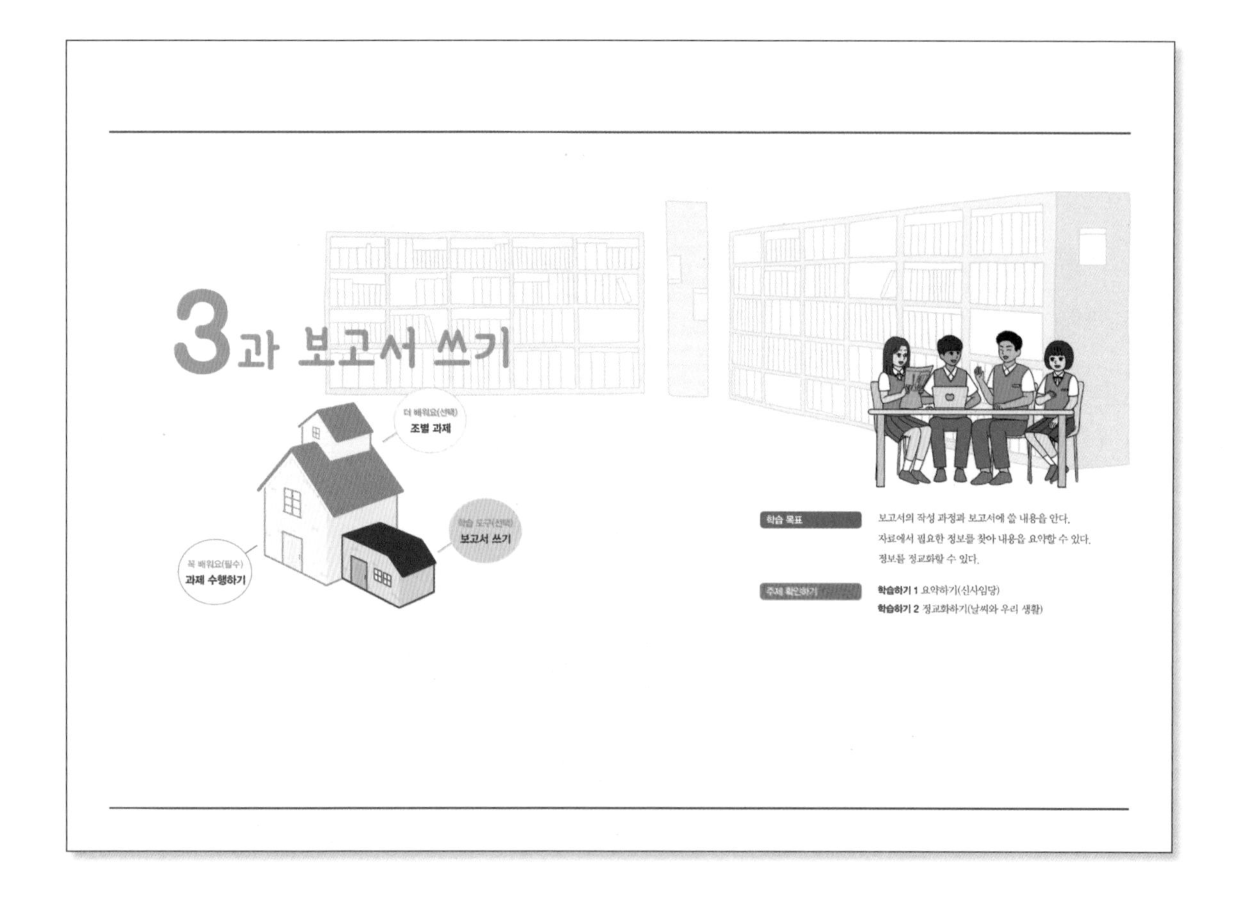

학습하기 1	학습 기능	보고서 쓰기에서 요약하기 기능을 배운다. 요약하기란 말이나 글에서 중요한 것을 골라서 짧고 간단하게 정리하는 것을 말한다.
	학습 도구 한국어 어휘 및 문법	요약하다, 중략, 대표하다, 사회, 정책, 반복되다, 삭제하다

학습하기 2	학습 기능	보고서 쓰기에서 정교화하기 기능을 배운다. 정교화하기란 세부 사항, 자세한 설명, 실제 예, 관련 내용, 자료 등을 더해 내용의 완성도를 높이는 것을 말한다.
	학습 도구 한국어 어휘 및 문법	정교화하다, 완성도, 추가하다, 영향, 사례, 전략, 전달하다, 에 비해

학습 도구 어휘 및 문법 확인하기

1. 다음 (　　　)에 알맞은 것을 고르세요.

(1) 선생님께서 수업 내용을 간단히 (　　　) 자료를 나누어 주셨다.

① 고려한　② 예상한　③ 요약한　④ 제안한

(2) 정부는 환경 문제를 해결하기 위해 새로운 (　　　)을 발표했다.

① 관찰　② 대상　③ 정책　④ 활용

(3) 뉴스에서는 지구 온난화, 기후 변화 등 환경 문제의 대표적인 (　　　)를 제시했다.

① 가치　② 사례　③ 사회　④ 세부

2. '에 비해'를 사용하여 〈보기〉와 같이 문장을 완성하세요.

〈보기〉

올해 시험은 <u>작년에 비해</u> 쉽다. (작년)

(1) 이 학교는 ____________________ 교실이 부족하다. (학생 수)

(2) 고학년 학생은 ____________________ 학습해야 할 내용이 많다. (저학년 학생)

3. 다음 밑줄 친 부분과 의미가 비슷한 것을 고르세요.

(1) 반장은 선생님의 말씀을 친구들에게 <u>전했다</u>.

① 반복했다　② 전달했다　③ 제출했다　④ 확인했다

(2) 보고서를 작성할 때 보고서의 주제와 관련이 없는 내용은 <u>지워야</u> 한다.

① 오려야　② 챙겨야　③ 삭제해야　④ 저장해야

1. 다음은 보고서 작성 과정입니다. 순서에 맞게 쓰세요.

㉠ 계획 세우기	㉡ 보고서 쓰기
㉢ 자료 수집하기	㉣ 자료 정리하기 및 분석하기

(　　　　) → (　　　　) → (　　　　) → (　　　　)

2. 보고서의 구성에 대한 설명으로 맞으면 ○, 틀리면 × 하세요.

(1) 자료의 출처는 반드시 제시해야 한다. (　　)

(2) 분석한 내용을 요약하고 정교화해서 제시한다. (　　)

(3) 수집한 자료에 대한 결과는 보고서의 끝 부분에 쓴다. (　　)

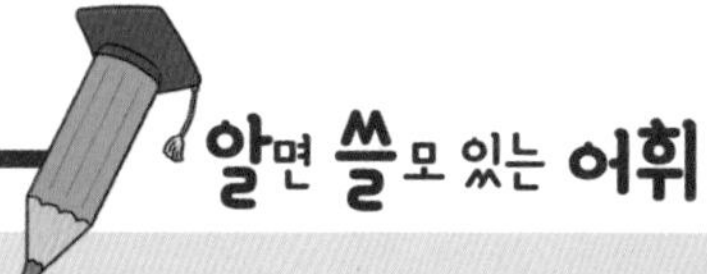

- **거짓** 사실이 아닌 것을 사실처럼 꾸민 것.
- **서술하다** 어떤 사실, 생각 등을 순서에 따라 말하거나 적다.
- **일관성** 한 가지 태도나 방법 등으로 처음부터 끝까지 변함없이 꼭 같은 특징.
- **덧붙이다** 원래 있던 것이나 이미 하던 일에 다른 것을 더하다.
- **출처** 말이나 사물이 생기거나 나온 곳.

학습 활동 더 알아보기

〈보고서 형식〉

- 보고서는 표지, 목차, 보고할 내용으로 구성할 수 있다.
- 표지는 보고서의 맨 앞 장에 있는 것으로, 보고서의 제목과 제출한 사람에 대한 정보를 쓴다.
- 목차는 보고서의 내용 순서와 해당 위치를 한 번에 보여 주는 것이다. 1~2장 정도의 짧은 보고서에서는 목차를 쓰지 않기도 한다. 목차를 보면 보고서의 전체적인 내용을 알 수 있고, 어떤 내용이 어디에 있는지 쉽게 찾을 수 있다.

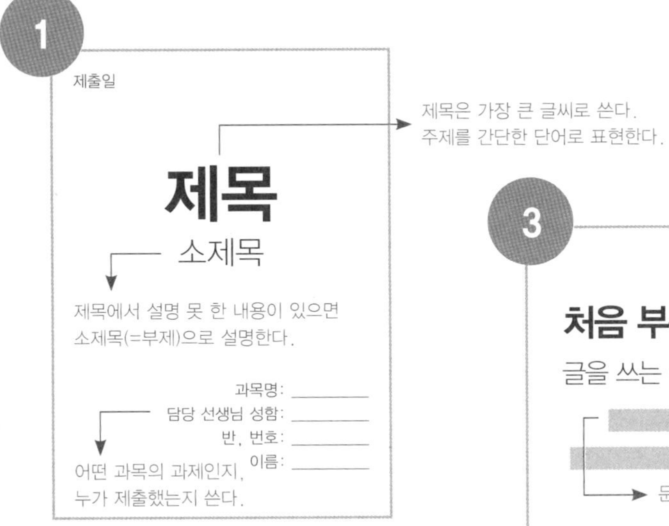

2

목차

해당 내용이 어디에 있는지 쪽 번호를 쓴다.

1. 처음	1
2. 중간1	2
2.1. 중간a	2
2.2. 중간b	3
3. 중간2	4
3.1. 중간a	4
3.2. 중간b	5
4. 끝	6
참고 자료	7

들여쓰기로 큰 목차와 세부 목차를 구분한다.

3

제목은 본문보다 큰 글씨로 쓴다.

처음 부분 제목

글을 쓰는 이유와 주제 소개

문단을 시작할 때는 2칸 들여 쓴다.

중간 부분 제목

보고할 내용

본문의 글씨 크기는 10 정도가 좋다.

처음에서 중간, 중간에서 끝으로 바뀔 때 한 줄 띄는 것이 좋다.

끝 부분 제목

전체 내용을 요약, 정리/조사자의 의견이나 소감

-1-

한 장 이상일 때는 쪽 번호를 쓴다.

요약하기 학습 기능 확인하기

요약하기란? 말이나 글에서 중요한 것을 골라 짧고 간단하게 정리하는 것을 말한다. 요약을 잘해 두면 보고서를 쓰거나 공부를 할 때 도움이 된다.

선생님, 글을 요약할 때 주의할 점이 뭐예요?

어떤 종류의 글인지 고려해야 해요. 그리고 중요한 내용이 무엇인지 파악해야 해요. 어느 정도의 길이로 요약할 것인지도 생각해야 해요.

학습 기능 익히기

▨ 다음 내용에서 중요한 단어를 찾아 글의 요약문을 완성하세요.

그녀는 유명한 시인인 동시에 화가로도 잘 알려져 있다. 그녀의 그림 솜씨가 얼마나 뛰어났는지를 보여 주는 이야기가 다음과 같이 전해지고 있다. 어느 날 신사임당이 그림을 그리고 잠시 자리를 비웠다가 돌아왔는데 닭이 그녀가 그린 그림에 구멍을 내고 있었다. 그림에 있는 곤충이 너무 진짜 같아서 닭이 먹으려고 한 것이다. 이것만 봐도 그녀의 그림 솜씨가 얼마나 훌륭했는지 알 수 있다.

〈요약문〉 그녀가 그린 (   ) 이야기를 통해
그녀의 (   ) 알 수 있다.

▨ 다음을 읽고 요약해 보세요.

설명문에 대한 내용을 공책에 필기하고 있다. 설명문의 정의와 특성을 요약하려고 한다.

설명문

설명문은 어떤 대상에 대한 지식이나 정보를 이해하기 쉽게 풀어서 쓴 글이다. 즉 설명문은 정보 전달을 목적으로 하는 글이다. 예를 들어 제품의 사용 설명서, 설치 방법에 대한 글이 있다.

설명문은 정확한 지식이나 정보를 사실에 근거하여 전달해야 한다. 설명하는 정보가 객관적인 사실이어야 하고, 정보를 전달하는 사람의 태도도 객관적이어야 한다. 그러므로 설명문에는 글쓴이의 주관적인 생각이나 감정이 들어가면 안 된다. 또한 설명문의 내용은 정확해야 한다. 읽는 사람에게 전달하는 정보나 사실, 지식 등은 정확한 사실이어야 한다. 그리고 알기 쉬운 어휘와 문장으로 쉽게 작성해야 한다. 읽는 사람이 새로운 지식과 정보를 쉽게 이해할 수 있도록 알기 쉬운 말을 사용하여 자세하고 구체적으로 써야 한다.

1. 설명문의 정의:

2. 설명문의 특성:

정교화하기 / 학습 기능 확인하기

정교화하기란?

세부 사항, 자세한 설명, 실제 예, 관련 내용, 자료 등을 더해 내용의 완성도를 높이는 것을 말한다. 글이 정교해지면 글의 내용이 풍부해지고 보다 더 논리적인 글이 되기 때문에 사람들의 공감을 얻을 수 있다.

글을 정교화할 때는 아래의 내용을 주의해야 해요.
- 관련이 있는 내용이어야 한다.
- 내용을 이해하는 데 실제로 도움이 되어야 한다.
- 새로운 내용을 추가하면 안 된다.

학습 기능 익히기

▨ 다음 글에서 정호가 사용한 정교화하기 방법을 고르세요.

이 부분을 정교화해야겠어.

그래서 최근에는 날씨 정보를 기업의 경영에 활용하는 사례가 늘고 있다. ✚

실제로 국내의 한 놀이공원은 날씨 정보를 활용해 연간 매출이 21억 원 정도 늘었다. 날씨가 좋지 않은 날에 방문객이 줄어드는 것을 보고 비가 오는 날에는 고객에게 우산을 무료로 빌려주고 눈이 내리는 날에는 입장료를 할인해 주는 등 날씨 맞춤형 경영 전략을 활용했기 때문이다.

① 관련 내용 더하기

② 관련 자료 추가하기

③ 실제 예를 들어 설명하기

다음을 읽고 정교화해 보세요.

와니는 '옷차림'을 주제로 작성한 보고서의 내용을 점검하고 있다. 보고서의 완성도를 높이기 위해 글을 정교화하려고 한다.

옷차림

와니

옷은 전체적인 분위기를 시각적으로 가장 잘 전달해 주고, 입은 사람의 성격, 나이, 이미지, 분위기 등을 잘 나타낸다. 옷의 색, 선, 무늬 등을 적절하게 이용하면 자신에게 잘 어울리는 옷차림을 할 수 있다.

먼저 옷의 색은 따뜻한 색과 차가운 색으로 나눌 수 있다. ✚ 따뜻한 색의 옷을 입으면 커 보이고 앞으로 나아가는 느낌을 준다. 반대로 차가운 색의 옷을 입으면 작아 보이고 뒤로 물러나는 느낌을 준다.

✚

____

____

____

4과 모둠 활동 하기

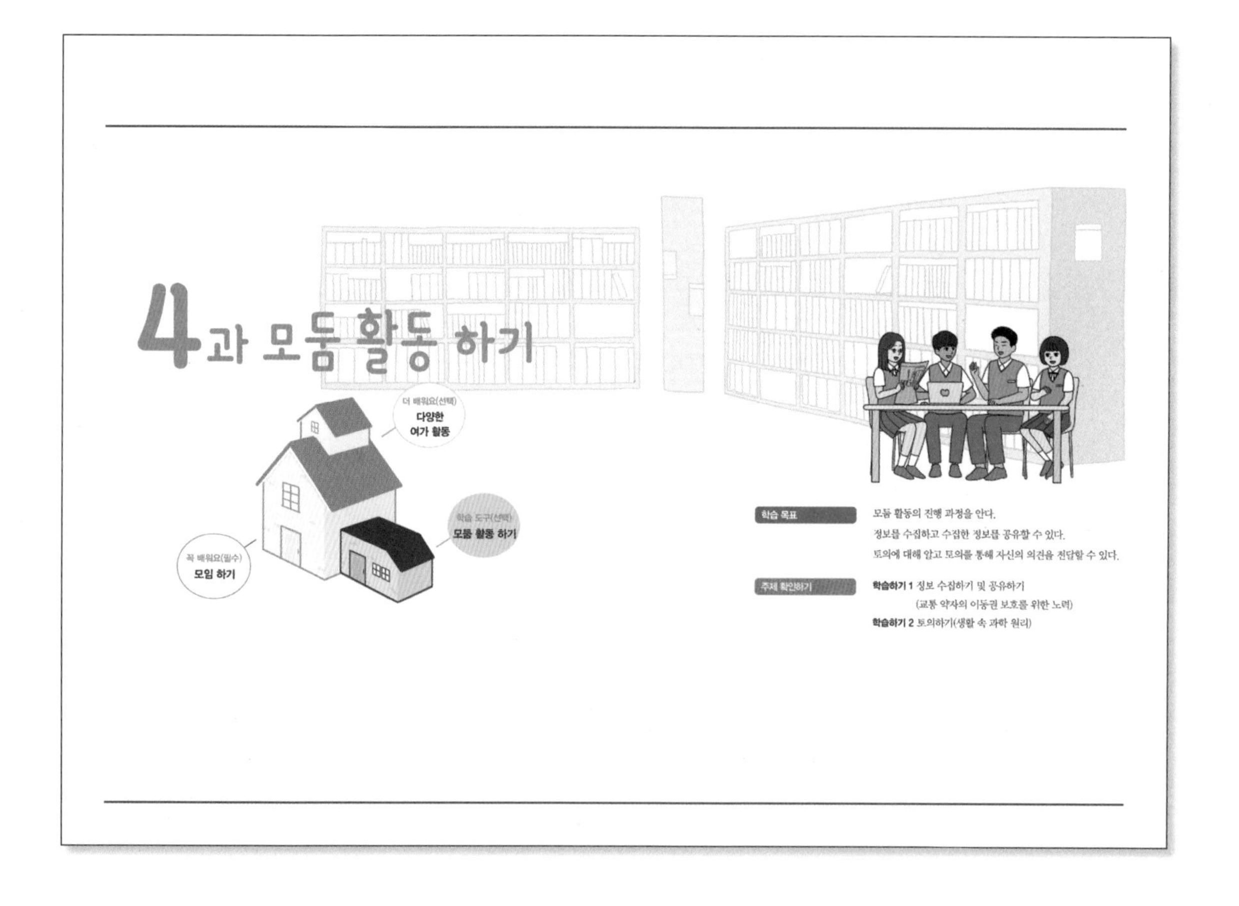

학습하기 1	학습 기능	모둠 활동 하기에서 정보 수집하기 및 공유하기 기능을 배운다. 정보 수집하기 및 공유하기란 필요한 자료를 찾아서 모으고, 모은 자료를 다른 사람과 함께 나누어 가지는 것을 말한다.
	학습 도구 한국어 어휘 및 문법	공유하다, 이동, 설문, 다수, 특정, 현장, 기록, 사실성, 판단하다, 태도, 시각

학습하기 2	학습 기능	모둠 활동 하기에서 토의하기 기능을 배운다. 토의하기란 공동의 관심사가 되는 어떤 문제에 대하여 가장 바람직한 해결 방법을 찾기 위해 집단 구성원이 의견을 나누는 과정을 말한다.
	학습 도구 한국어 어휘 및 문법	토의하다, 공동, 관심사, 바람직하다, 집단, 구성원, 원리, 일상생활, 만족하다, -음

학습 도구 어휘 및 문법 확인하기

1. 다음 (　　　)에 알맞은 것을 고르세요.

(1) 우리는 현장에서 보고 들은 내용을 공책에 꼼꼼하게 (　　　).

① 기록했다　② 설문했다　③ 전달했다　④ 판단했다

(2) 친구들에게 자료를 (　　　) 전에 그 정보가 맞는 내용인지 확인해야 한다.

① 공유하기　② 관찰하기　③ 수집하기　④ 토의하기

(3) 수업 시간에 졸거나 다른 친구와 이야기하는 등 (　　　)가 좋지 않은 학생이 있다.

① 기회　② 다수　③ 조사　④ 태도

2. '-음/ㅁ'을 사용하여 〈보기〉와 같이 문장을 고치세요.

〈보기〉

다음 주에 시험을 본다. → 다음 주에 시험을 봄.

(1) 보고서에 그림 자료를 추가해야 한다. → ______________________.

(2) 토의를 하면 다양한 의견을 알 수 있다. → ______________________.

3. 다음 밑줄 친 부분과 의미가 비슷한 것을 고르세요.

(1) 정문 옆에 세워 둔 차를 지하 주차장으로 옮겨야 한다.

① 구분해야　② 이동해야　③ 집중해야　④ 활용해야

(2) 집단 면접은 내가 말하는 시간보다 다른 사람의 말을 듣는 시간이 더 길다.

① 개인　② 단체　③ 대표　④ 특정

학습 활동 확인하기

1. 모둠 활동 하기에 대한 설명으로 맞으면 ○, 틀리면 × 하세요.

(1) 자신의 역할을 잘 알아야 한다. ( )

(2) 모둠 활동을 시작한 뒤에는 일정을 바꿀 수 없다. ( )

(3) 목표를 향해 잘 가고 있는지 확인하는 시간을 갖는다. ( )

2. 모둠 활동의 좋은 점으로 알맞지 않은 것을 고르세요.

① 목표 달성 시간을 줄일 수 있다.

② 내가 못 찾은 정보를 얻을 수도 있다.

③ 같이 하기 때문에 최선을 다하지 않아도 된다.

④ 의견을 나누면서 좋은 해결 방법을 찾을 수 있다.

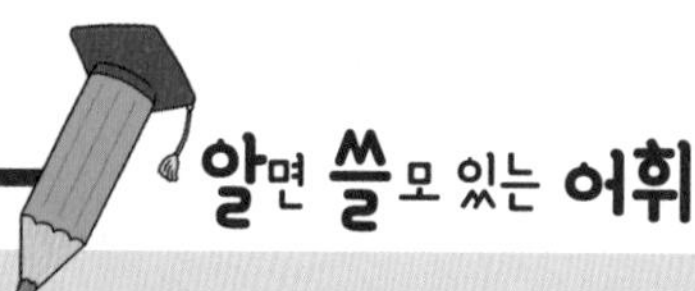

- **소요** 필요하거나 요구됨.
- **최선** 열심히 하려는 모든 마음과 힘.
- **배분하다** 각 사람에게 주어지는 역할이나 일을 나누다.
- **돌아보다** 예전 일을 다시 생각하여 자세히 보다.
- **조율하다** 여러 입장의 차이에서 생긴 문제를 해결하기 위하여 정도를 알맞게 맞추다.

학습 활동 더 알아보기

〈모둠 활동을 하는 이유〉

• 하나보다는 둘이 모여서 같이 할 때 더 강한 힘을 낼 수 있다. 모둠 활동을 하면 어떤 일을 혼자 했을 때의 부족함을 채울 수 있다. 그리고 다른 사람과 함께 살아가는 방법을 배울 수 있다.

〈모둠 구성원의 역할〉

모둠에서는 아래와 같이 다양한 역할을 하는 사람이 있다.

• 모둠을 이끄는 사람
• 모둠원의 활동을 칭찬하는 사람
• 모둠 활동 내용을 기록하고 정리하는 사람
• 시간과 학습 도구 등을 관리하는 사람
• 학습 자료를 가져오거나 나누어 주고 정리하는 사람

〈모둠 활동 시 주의할 점〉

• 긍정적인 분위기를 만든다.
• 서로를 도와주며 활동에 적극적으로 참여한다.
• 서로가 다른 점을 존중해야 한다.

정보 수집하기 및 공유하기 / 학습 기능 확인하기

정보 수집하기 및 공유하기란?

필요한 자료를 찾아서 모으고, 모은 자료를 다른 사람들과 함께 나누어 가지는 것을 말한다. 정보를 수집하고 공유하면 유용한 정보를 더 많이 얻고 나눌 수 있다.

정보를 수집할 때 다음과 같은 점을 고려해야 해요.

- 정보에 잘못된 내용은 없는지 확인한다.
- 정보가 믿을 수 있는 기관이나 전문가에게서 나온 것인지 확인한다.
- 최근에 만들어진 정보인지 확인한다.

학습 기능 익히기

다음 중 정보 수집하기 및 공유하기를 제일 잘한 사람을 고르세요.

와니 

① 직접 현장에 가서 구한 자료를 전부 공유했어.

② 친구 한 명에게 설문 조사를 하고 그 결과를 공유했어.

 영수

정호 

③ 어떤 사람이 인터넷에 쓴 글을 복사해서 그대로 공유했어.

④ 백과사전에서 관련 자료를 찾고 그중에서 중요한 정보를 골라서 공유했어.

 선영

학습 기능 더 익히기

다음을 읽고 정보를 수집하여 공유해 보세요.

친구들과 '환경'과 관련하여 동영상을 만드는 대회에 참가할 것이다. 함께하는 친구들이 모여 대회에 대한 정보를 찾아 서로 공유하고 있다.

① 이번에 우리가 '환경 사랑 동영상 만들기' 대회에 나가기로 했잖아. 그래서 내가 이 대회의 포스터를 찾아봤어.

② 나는 동영상의 길이에 대해 찾아봤어. 동영상은 30~40초 정도로 만들어야 해.

③ 나는 평가 방법에 대해서 찾아봤어. 주제와 알맞은 내용인지, 영상을 완성했는지, 새로운 내용인지 각각 20%, 30%, 50%였어.

④ 나는 ____________________

____

____

토의하기 / 학습 기능 확인하기

토의하기란?

공통의 관심사가 되는 어떤 문제에 대하여 가장 바람직한 해결 방안을 찾기 위해 집단 구성원이 의견을 나누는 과정을 말한다. 토의를 하면 주제에 대한 다양한 생각과 의견을 알 수 있다.

〈토의의 종류〉

포럼

전문가 한두 사람이 발표함.

패널 토의

전문가 여러 명이 앞에 나와 서로 다른 의견을 발표함.

원탁 토의

둥글게 앉아 자유롭게 의견을 나눔.

학습 기능 익히기

▨ 다음 중 토의하기에 대한 설명으로 알맞은 것을 고르세요.

① 소수의 좋은 의견보다 다수의 의견이 중요하다.

② 토의 주제에 대한 의견이 다양하고 많으면 좋지 않다.

③ 토의는 자신의 의견이 선택되도록 자기 의견을 주장하는 것이다.

④ 하나의 의견으로 결정하기 힘들 때에는 다수결의 방법을 사용할 수 있다.

학습 기능 더 익히기

▨ 다음을 읽고 토의해 보세요.

친구들과 함께 봉사 활동을 하기로 했다. 어디에서 어떤 봉사 활동을 할지 계획서를 작성하면서 토의를 하고 있다.

이번에 어디에서 어떤 봉사 활동을 할까?
'1365 자원봉사포털'에서 각자 찾은 활동에 대해 이야기해 보자.

벽에 그림을 그리는 봉사는 어때? 이건 매주 금요일, 토요일, 일요일 오전 10시부터 오후 1시까지 하는 거야.

____

____

____

____

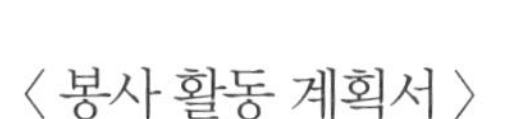

1. 일시:
2. 장소:
3. 봉사 활동 내용:

5과 책 읽기

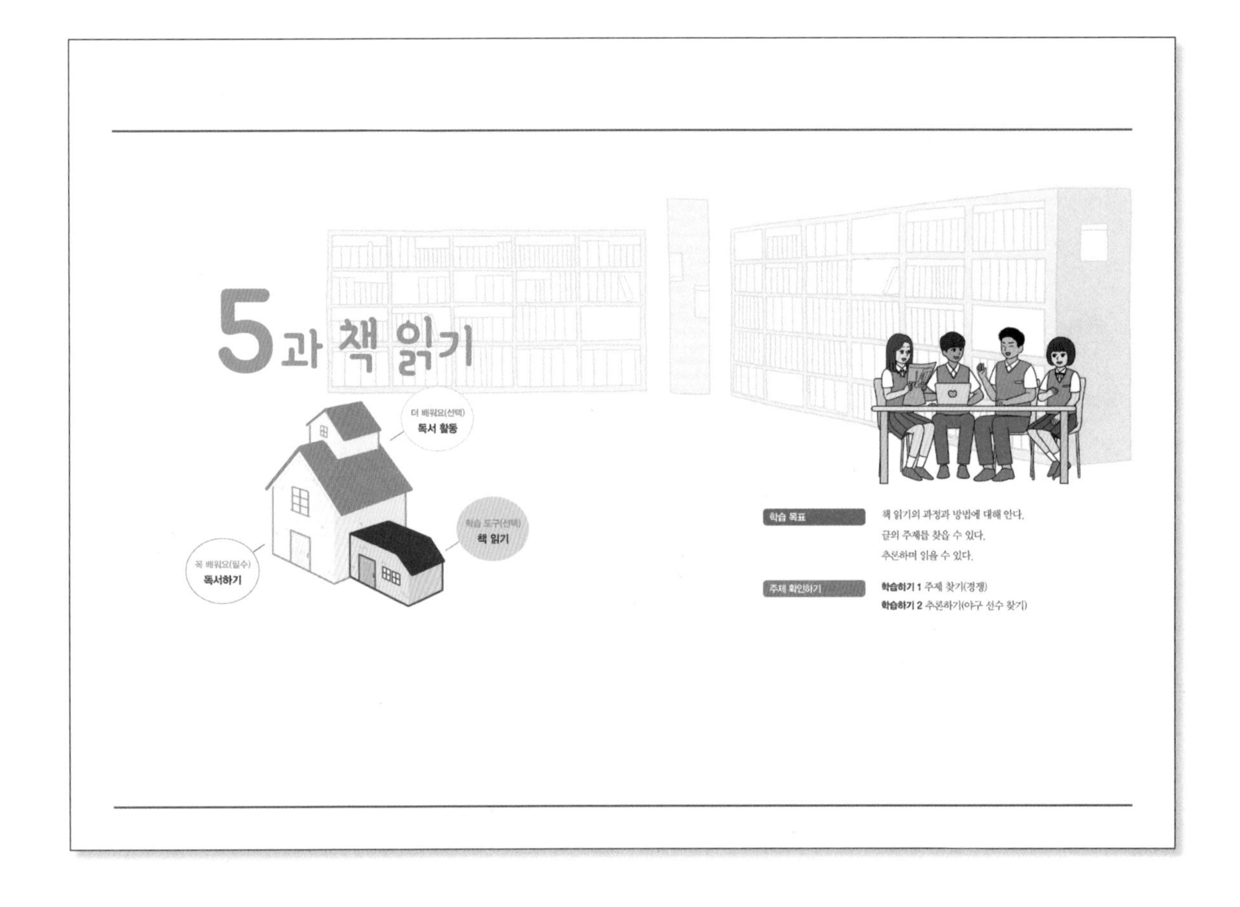

<table>
<tr><td rowspan="2">학습하기 1</td><td>학습 기능</td><td>책 읽기에서 주제 찾기 기능을 배운다.
주제 찾기란 글의 내용과 현상과의 관계를 앎으로써 글 쓴 사람이 표현하려고 하는 주된 생각을 찾는 것을 말한다.</td></tr>
<tr><td>학습 도구 한국어 어휘 및 문법</td><td>파악하다, 종합하다, 독자, 수단, 개인적, 측면, 발휘하다, 발전하다, 주의하다, 추구하다, 보완하다, 핵심, 으로써</td></tr>
<tr><td rowspan="2">학습하기 2</td><td>학습 기능</td><td>책 읽기에서 추론하기 기능을 배운다.
추론하기란 이미 알려진 정보를 근거로 하여 새로운 판단을 이끌어 내는 것을 말한다.</td></tr>
<tr><td>학습 도구 한국어 어휘 및 문법</td><td>추론하다, 결론, 증거, 제시하다, 원칙, 일반적, 인과, 유추, 참, 인정하다, -으므로</td></tr>
</table>

학습 도구 어휘 및 문법 확인하기

1. 다음 (   )에 알맞은 것을 고르세요.

(1) 단어의 정확한 뜻을 몰라도 앞뒤 내용을 통해 단어의 뜻을 어느 정도 (   ) 수 있다.

① 유추할 ② 인정할 ③ 조사할 ④ 추구할

(2) 나는 여러 자료를 보면서 보고서의 내용을 수정하고 부족한 부분을 (   ) 다시 제출했다.

① 보완해서 ② 설정해서 ③ 요청해서 ④ 주장해서

(3) 박 선수는 지난번에 다친 다리가 다 낫지 않아 이번 경기에서 자신의 실력을 (   ) 못했다.

① 고려하지 ② 달성하지 ③ 발휘하지 ④ 제시하지

2. '-음/ㅁ으로써'를 사용하여 〈보기〉와 같이 문장을 완성하세요.

〈보기〉

영수는 책을 읽음으로써 스트레스를 푼다. (읽다)

(1) 문제를 반복해서 ____________________ 실력을 키울 수 있다. (풀어 보다)

(2) 그는 꾸준히 ____________________ 자신의 꿈을 이룰 수 있었다. (노력하다)

3. 다음 밑줄 친 부분과 의미가 비슷한 것을 고르세요.

(1) 상자 안에 깨지기 쉬운 물건이 있으니 주의해야 한다.

① 구분해야 ② 논의해야 ③ 이동해야 ④ 조심해야

(2) 중간고사 성적과 기말고사 성적을 합쳐서 평균을 계산한다.

① 설치해서 ② 예상해서 ③ 종합해서 ④ 추가해서

학습 활동 확인하기

1. 책 읽기 전에 하는 활동으로 맞으면 ○, 틀리면 × 하세요.

(1) 읽는 목적 확인하기 ( )

(2) 내 삶에 적용해 보기 ( )

(3) 글의 내용을 요약하고 주제 찾기 ( )

(4) 제목을 보고 글의 내용에 대한 질문 만들기 ( )

2. 다음 중 좋은 책을 고르는 방법으로 알맞은 것을 고르세요.

① 어려운 단어가 많은 책을 고른다.

② 상상력을 자극하는 주제의 책을 고른다.

③ 자신의 지식보다 높은 수준의 책을 고른다.

④ 최근에 사람들이 많이 읽은 책을 우선적으로 고른다.

알면 쓸모 있는 어휘

- **배경지식** 어떤 일을 하거나 연구할 때, 이미 머릿속에 들어 있거나 기본적으로 필요한 지식.
- **의도** 무엇을 하려고 하는 생각이나 계획.
- **깨닫다** 느끼거나 알게 되다.
- **교양** 사회적 경험이나 배워서 아는 지식을 바탕으로 사회생활, 문화 등 여러 분야에서 쌓은 지식이나 그러한 상태.
- **자극하다** 어떤 반응이 나타나도록 외부에서 영향을 주다.
- **유발하다** 어떤 것이 원인이 되어 다른 사건이나 현상을 일어나게 하다.

〈도서 분류〉

• 책의 종류를 알면 도서관이나 서점에서 책을 쉽게 찾을 수 있다.

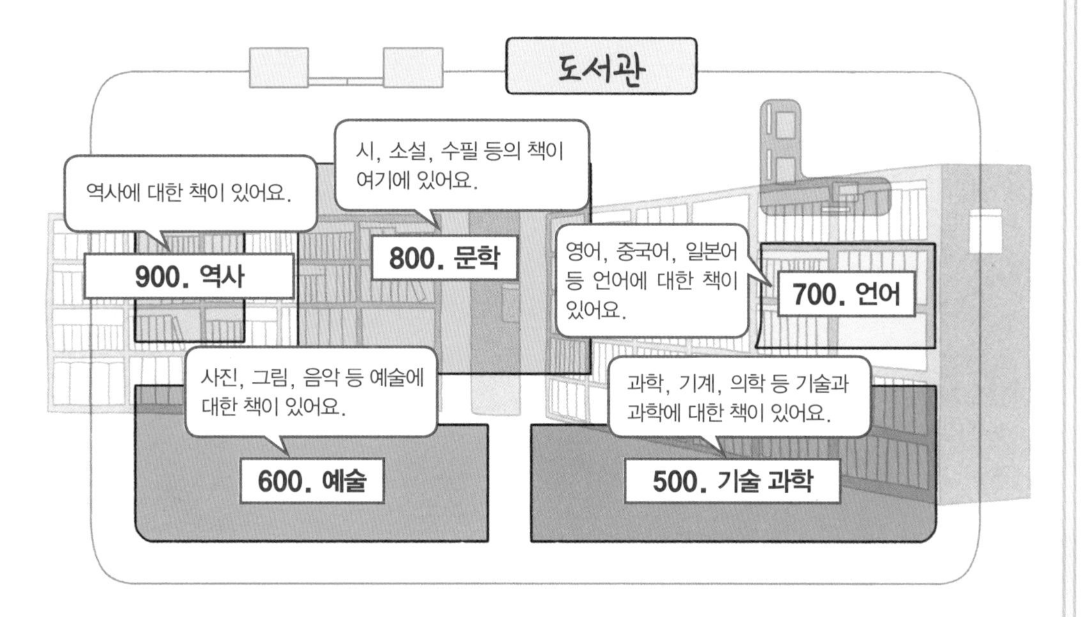

〈책 읽는 방법〉

• 정독: 단어의 뜻을 알아 가며 책을 자세하게 읽는 것이다.
 – 책의 내용을 생각하며 읽기 때문에 기억에 잘 남는다.
 – 깊이 있는 내용의 책이나 전문 분야의 책을 읽을 때 좋다.
• 속독: 빠른 속도로 필요한 정보만 파악하면서 읽는 것이다.
 – 많은 정보를 빠르게 얻을 수 있다.
• 통독: 책이나 글을 처음부터 끝까지 살피면서 읽는 것이다.
 – 정독은 꼼꼼하게 그 의미를 생각하며 읽는 것이고, 통독은 필요한 내용이 있는지 알아 보기 위해 읽는 것이다.
 – 통독은 정독을 하기 전에 책의 내용을 먼저 이해하기 위해 읽거나, 서점에서 책을 고를 때 이용할 수 있는 읽기의 방법이다.

주제 찾기 / 학습 기능 확인하기

주제 찾기란?

글의 내용과 현상과의 관계를 앎으로써 글 쓴 사람이 표현하려고 하는 주된 생각을 찾는 것을 말한다. 글을 구성하고 있는 문단은 모두 주제를 돕기 위한 것이다. 그러므로 각 문단의 중심 내용을 요약하면 주제를 찾을 수 있다.

주제와 문단에 대해서 알아봐요.
주제는 글의 중심 생각이에요. 글을 쓸 때 주제를 가장 먼저 명확하게 정해 놓아야 해요.
문단은 여러 개의 문장이 모여 하나의 완전한 생각을 담고 있는 글의 단위예요. 한 문단은 하나의 중심 내용으로 이루어져 있어요.

학습 기능 익히기

▨ 다음 중 주제 찾기에 대한 설명으로 알맞은 것을 고르세요.

① 중심 내용이 세부 내용을 모두 포괄할 필요는 없다.

② 모든 문단마다 주제를 나타내는 어휘가 꼭 있어야 한다.

③ 글의 목적을 아는 것은 글의 주제 찾기에 도움이 되지 않는다.

④ 글에서 핵심적인 단어나 표현을 찾으면 중심 내용을 찾을 수 있다.

학습 기능 더 익히기

▨ 다음을 읽고 주제를 찾아보세요.

안나는 내일 국어 시간에 배울 내용을 예습하고 있다. 한국의 전래 동화를 읽고 글의 주제를 찾으려고 한다.

옛날에 한 나무꾼이 살았다. 나무꾼은 산속에서 나무를 잘라 번 돈으로 생활을 했다. 어느 날 나무꾼은 나무를 자르다가 실수로 도끼를 연못에 빠뜨렸다. 나무꾼은 도끼를 찾으려고 했지만 물이 너무 깊었다. 나무꾼은 도끼를 찾을 방법이 없어서 연못 앞에서 울고 있었다.

그때 물속에서 산신령이 나타났다. 산신령은 나무꾼에게 왜 울고 있느냐고 물었다. 나무꾼의 이야기를 들은 산신령은 다시 물속에 들어갔다. 잠시 후 산신령은 물속에서 금도끼와 은도끼를 가지고 나왔다. 산신령은 금도끼와 은도끼를 보여 주며 나무꾼에게 물었다.
"이 금도끼와 은도끼 중 너의 도끼가 무엇이냐?"

그러자 나무꾼은 "두 도끼 모두 제 것이 아닙니다. 제 도끼는 낡은 쇠도끼입니다."라고 대답했다. 나무꾼의 말을 듣고 산신령은 크게 감동했다. 거짓말을 해서 자신의 도끼보다 훨씬 좋은 금도끼와 은도끼를 가질 수도 있었지만 사실을 이야기했기 때문이다. 산신령은 거짓말을 하지 않은 나무꾼에게 쇠도끼는 물론이고 금도끼와 은도끼도 주었다.

(1) 각 문단의 중심 내용

첫 번째 문단:

두 번째 문단:

세 번째 문단:

(2) 글의 주제:

추론하기 / 학습 기능 확인하기

추론하기란?

이미 알려진 정보를 근거로 하여 새로운 판단을 이끌어 내는 것을 말한다. 다양한 추론의 방법을 통해 생각을 넓힐 수 있다.

추론을 할 때 주의할 점은 다음과 같아요.

- **사례에 의한 추론**을 할 때는 증거로 제시한 사례가 대표성을 갖는지, 믿을 수 있는지 확인하는 것이 중요해요.
- **원칙에 의한 추론**을 할 때는 듣는 사람이 일반적으로 동의할 수 있는 원칙을 제시하는 것이 중요해요.
- **인과적 추론**을 할 때는 원인이 잘못되면 잘못된 결론이 나오므로 원인이 무엇인지 잘 파악해야 해요.
- **유추에 의한 추론**을 할 때는 비교하는 사례가 비슷하다는 것이 인정되어야 해요.

학습 기능 익히기

▨ 추론의 방법과 그에 대한 설명으로 알맞은 것끼리 연결하세요.

(1) 주장과 근거 사이의 인과 관계로 추론한다.	●	● 인과적 추론
(2) 일반적인 원칙이나 지식으로 결론을 추론한다.	●	● 사례에 의한 추론
(3) 유사한 사례가 많은 경우 그것을 일반화하여 추론한다.	●	● 원칙에 의한 추론
(4) 비슷한 두 가지 사례를 비교하여 하나가 맞으면 다른 하나도 맞다고 유추하여 추론한다.	●	● 유추에 의한 추론

학습 기능 더 익히기

▨ 다음을 읽고 추론해 보세요.

호민은 빛의 굴절에 대한 실험을 할 것이다. 실험 결과가 어떻게 나올지 추론하려고 한다.

〈빛의 굴절 실험 과정〉 준비물: 물, 종이, 연필, 둥근 모양의 컵

1. 종이에 왼쪽 방향의 화살표(←)를 쓰고 둥근 컵 뒤에 놓는다.
2. 둥근 컵에 물을 붓는다.
3. 왼쪽 방향의 화살표(←)가 오른쪽 방향의 화살표(→)로 바뀐다.

실험 결과: 둥근 모양의 컵에 들어 있는 물 때문에 빛이 굴절되어 화살표의 방향이 바뀌어 보인다.

그럼 이 종이를 둥근 모양의 컵 뒤에 놓고 컵 안에 물을 넣으면 어떻게 보일까?

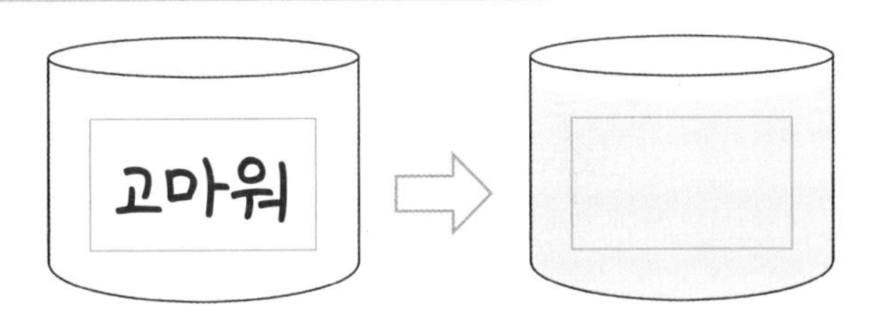

6과 필기하기

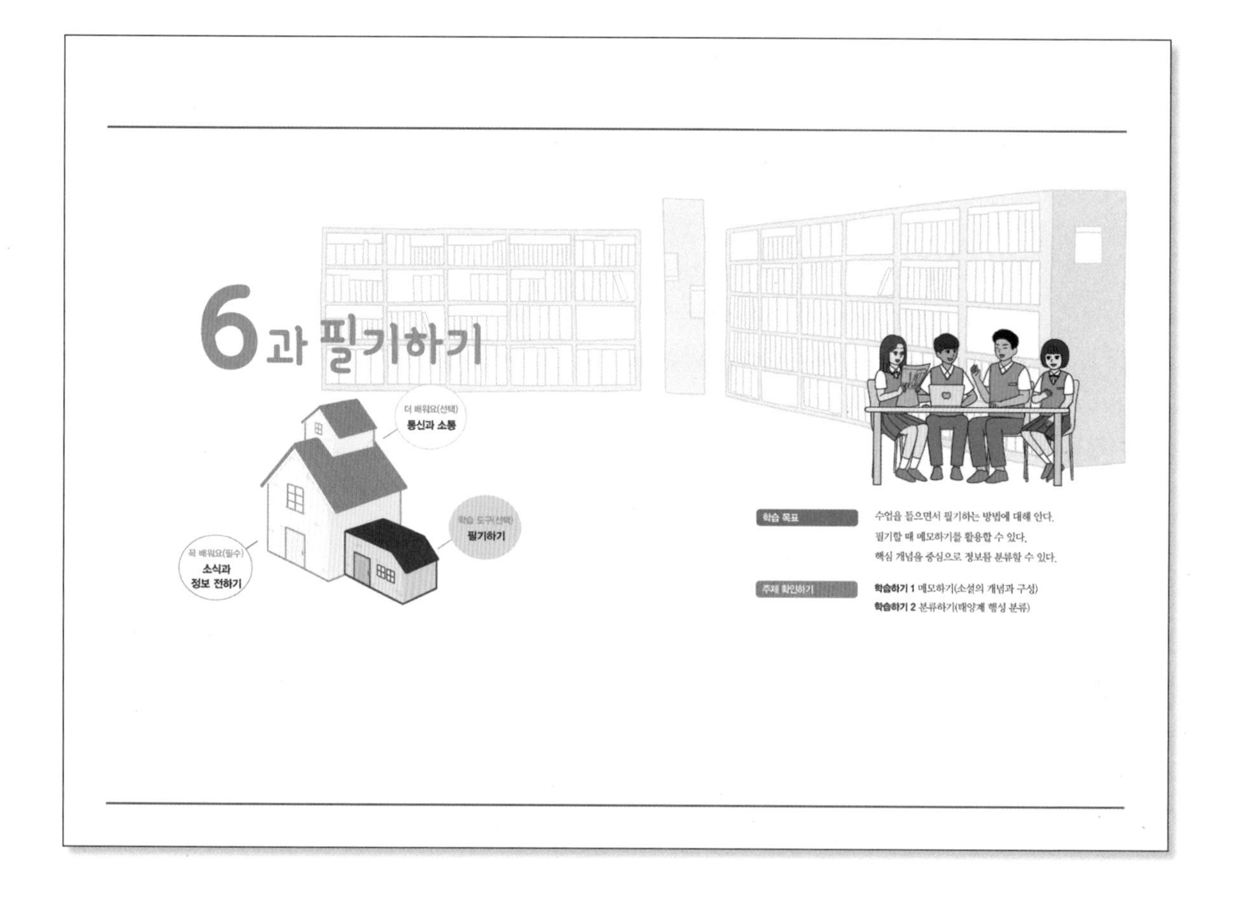

학습하기 1	**학습 기능**	필기하기에서 메모하기 기능을 배운다. 메모하기란 어떤 내용을 잊어버리지 않기 위해 중요한 점을 간단하고 짧게 적어 두는 것을 말한다.
	학습 도구 한국어 어휘 및 문법	현실, 상상하다, 삶, 요소, 효과적, 질서, 독특하다, 배경, 배치하다, 마무리, 시대, 공간, 전개되다

학습하기 2	**학습 기능**	필기하기에서 분류하기 기능을 배운다. 분류하기란 여러 대상을 어떤 기준에 따라 같은 특성을 가진 것끼리 묶어서 나누는 것을 말한다.
	학습 도구 한국어 어휘 및 문법	분류하다, 특징, 존재하다, 공통점, 차이점, 성질, 성분

학습 도구 어휘 및 문법 확인하기

1. 다음 (　　　)에 알맞은 것을 고르세요.

(1) 생물은 동물과 식물로 (　　　) 수 있다.

① 대표할　② 분류할　③ 전개할　④ 존재할

(2) 사람들이 버스를 타려고 (　　　) 있게 줄을 서 있다.

① 범위　② 수단　③ 질서　④ 특징

(3) 물은 우리의 몸을 구성하는 데 없어서는 안 될 중요한 (　　　)이다.

① 과정　② 배경　③ 요소　④ 원리

(4) 10년 뒤 회사에 취직해서 열심히 일하고 있을 내 모습을 (　　　) 봤다.

① 관찰해　② 상상해　③ 요약해　④ 종합해

(5) 이 책은 처음 나온 100년 전부터 지금까지 (　　　)을/를 뛰어넘어 많은 사람들에게 사랑받고 있다.

① 성질　② 시대　③ 원칙　④ 현실

2. 다음 밑줄 친 부분과 의미가 반대인 것을 고르세요.

(1) 나와 동생은 성격도 다르고, 취미도 다른 등 <u>차이점</u>이 많다.

① 단점　② 장점　③ 공통점　④ 문제점

(2) 이 책에는 그 지역에서만 볼 수 있는 <u>독특한</u> 풍습이 소개되어 있다.

① 뛰어난　② 심각한　③ 특이한　④ 평범한

학습 활동 확인하기

다음 〈보기〉에서 코넬식 노트 필기 방법의 각 영역과 그 부분에 들어갈 내용을 찾아 쓰세요.

〈보기〉	
영역	㉠ 제목 ㉡ 노트 정리 ㉢ 요약정리 ㉣ 핵심 개념
내용	ⓐ 중요한 내용을 요약한다. ⓑ 단원명이나 수업의 주제를 적는다. ⓒ 수업을 들으면서 수업 내용을 메모한다. ⓓ 핵심 개념을 핵심 단어나 질문으로 표현한다.

__________ 영역:

__________ 영역:　　　__________ 영역:

__________ 영역:

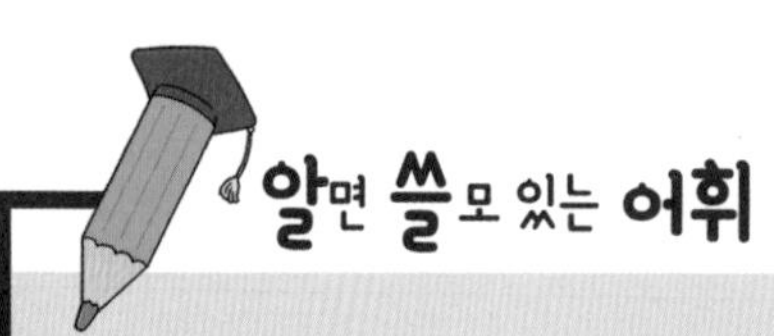

- **예시** 예를 들어 보임.
- **보충하다** 부족한 것을 더하다.
- **요약정리** 말이나 글의 중요한 것을 간단하게 정리하고, 분류하여 종합하는 일.
- **코넬식 필기법** 미국 코넬대학교에 있는 한 교수가 학생들의 학습 효과를 높이기 위해 만든 노트 필기 방법.

〈필기를 잘하는 방법〉

- 자신에게 맞지 않는 방법으로 필기를 하는 것은 학습에 효과가 없다. 자신에게 맞는 방법으로 필기를 해야 도움이 된다.
- 다음과 같은 것들을 고려하여 정리하면 필기하기의 효과를 높일 수 있다.
  - 필기해야 할 것과 하지 않아도 될 것
  - 이해한 것과 이해하지 못한 것
  - 요약할 것과 요약하지 않아도 될 것
  - 외운 것과 외우지 못한 것
  - 정리해야 할 것과 정리하지 않아도 될 것 등

〈과목별 필기법〉

- 국어, 사회: 개념을 이해하고 외우는 것이 중요하므로 코넬식 노트 필기법을 활용하는 것이 효과적이다.
- 수학: T형태의 노트 필기가 효과적이다. 가운데 선을 기준으로 왼쪽에는 자신의 문제 풀이 과정을, 오른쪽에는 정답지에 설명되어 있는 풀이 과정을 적는다.

〈T형태 노트 필기법〉

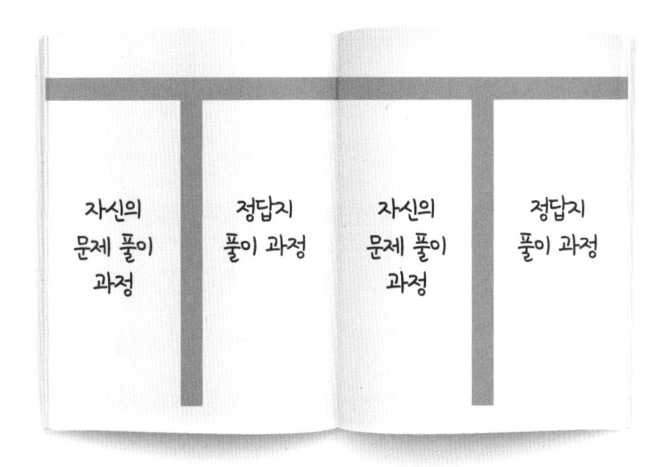

메모하기 학습 기능 확인하기

메모하기란?

어떤 내용을 잊어버리지 않기 위해 중요한 점을 간단하고 짧게 적어 두는 것을 말한다. 메모를 할 때는 중요하거나 교과서에 없는 내용을 간단하게 적기, 긴 글을 한눈에 볼 수 있게 요약하기 등의 방식이 효과적이다.

독서하면서 메모를 하면 좋은 점이 뭘까요?
먼저, 책의 내용을 더 잘 이해할 수 있고 더 잘 기억할 수 있게 돼요. 그리고 더 많이 생각할 수 있게 돼요.
독서하면서 책의 빈 공간에 핵심 어휘나 표현, 책을 읽으며 떠오른 생각과 질문, 책 내용 요약, 책을 읽고 해 보고 싶은 일 등을 메모하면 좋아요.

학습 기능 익히기

다음 중 메모하기를 잘한 사람을 고르세요.

① 선영: 기호를 사용해서 보기 쉽게 메모했어.

② 와니: 내가 잘 아는 내용이라도 전체를 다 적었어.

③ 정호: 선생님께서 말씀하시는 내용을 모두 메모했어.

④ 호민: 알아보기 쉽게 쓰는 것보다 빨리 쓰는 게 더 중요해.

다음을 읽고 메모해 보세요.

'생각의 차이'에 대한 글을 읽고 있다. 글을 읽으면서 떠오르는 생각, 궁금한 점, 중요한 단어 등을 빈 공간에 메모하려고 한다.

한 연구팀이 사람마다 생각이 어떻게 다른지 알아보기 위해 실험을 했다. 사람들에게 호랑이, 원숭이, 바나나 중에서 서로 관계가 있는 두 가지를 선택해 보라고 했다.

원숭이와 바나나를 선택한 사람은 원숭이가 바나나를 먹기 때문에 원숭이와 바나나가 서로 관계가 있다고 답했다. 호랑이와 원숭이를 선택한 사람들은 호랑이와 원숭이가 모두 동물이기 때문이라고 했다.

이 실험 결과를 통해 원숭이와 바나나를 선택한 사람은 대상 사이의 관계를 중요하게 생각하고, 호랑이와 원숭이를 선택한 사람은 각 대상이 가진 특징을 중심으로 비슷한 점을 찾는다는 것을 알 수 있다.

메모

분류하기 / 학습 기능 확인하기

분류하기란?

여러 대상을 어떤 기준에 따라 같은 특성을 가진 것끼리 묶어서 나누는 것을 말한다. 어떤 대상을 분류하면 대상의 특성도 분명하게 할 수 있고 다른 것들과의 공통점과 차이점을 쉽게 확인할 수 있다.

선생님, 분류와 분석은 뭐가 달라요?

분류는 비슷하거나 같은 성질을 가진 사물을 일정한 기준을 가지고 종류별로 나누는 것을 말해요. 예를 들어, 장미는 색깔을 기준으로 빨간 장미, 노란 장미, 분홍 장미 등으로 분류할 수 있어요.
분석은 하나의 대상을 그것을 이루고 있는 것들로 나누어서 논리적으로 설명하는 것을 말해요. 예를 들면, 장미는 줄기, 잎, 뿌리, 꽃 등으로 구성되어 있다고 분석할 수 있어요.

학습 기능 익히기

▨ 다음 글을 읽고 행성을 분류한 기준을 고르세요.

우리가 살고 있는 태양계의 행성은 지구형 행성과 목성형 행성으로 분류할 수 있다. 행성을 분류하는 기준은 다양하다. 그중 하나가 (   )이다.
지구형 행성에는 태양계에서 가장 작은 수성, 지구와 비슷한 크기의 금성, 지구, 지구의 반 정도 되는 화성이 있다.
목성형 행성에는 지구보다 11배 큰 목성과 목성 다음으로 큰 토성, 지구보다 4배 큰 천왕성과 해왕성이 있다.

- 이하 생략 -

① 거리 ② 위치 ③ 이름 ④ 크기

학습 기능 더 익히기

▨ 다음을 읽고 분류해 보세요.

오늘 수업 시간에 배운 여러 가지 과일의 특징에 대해 복습하려고 한다. 과일의 특징에 따라 아래 과일을 분류할 것이다.

분류 기준	
1.	

분류 기준	
2.	

7과 복습하기

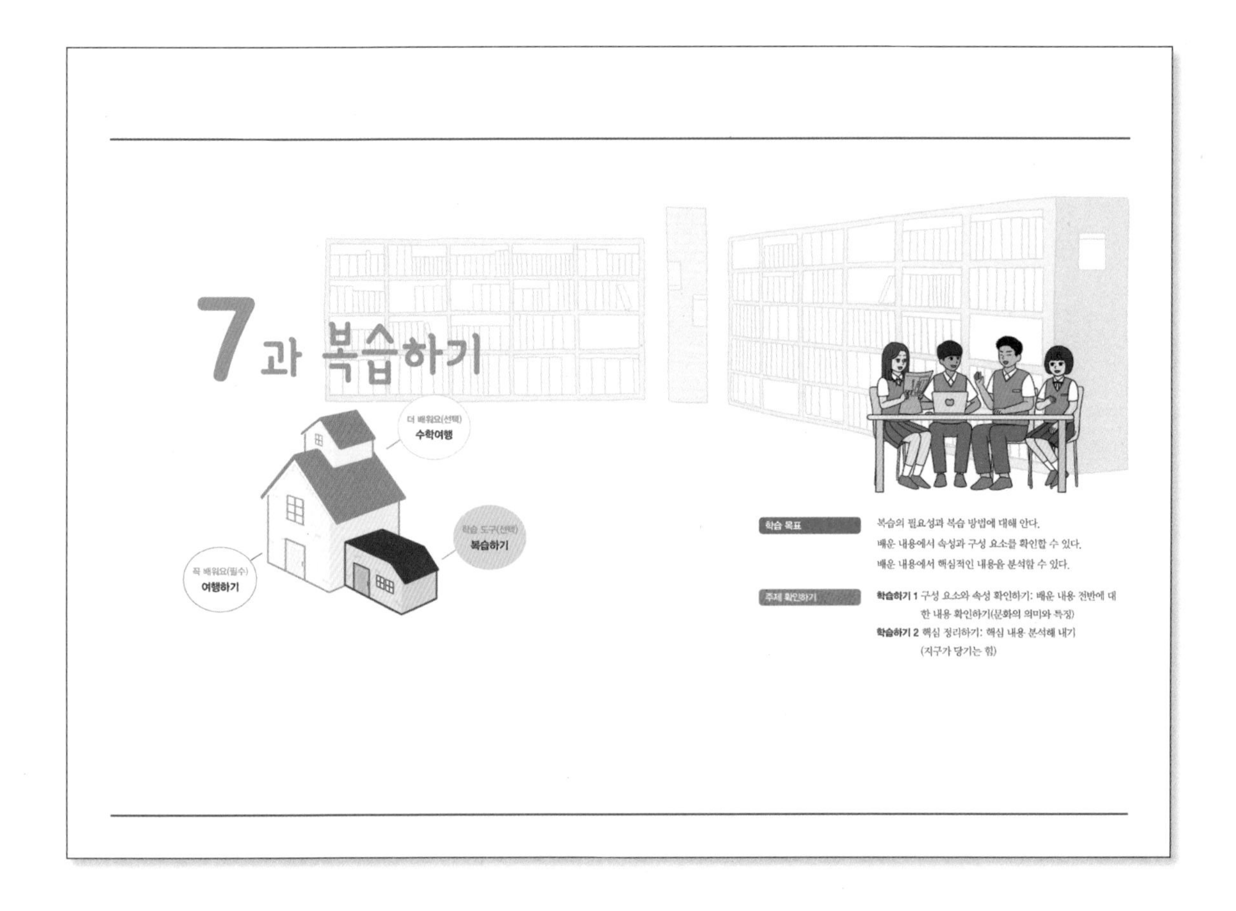

학습하기 1	학습 기능	복습하기에서 구성 요소와 속성 확인하기 기능을 배운다. 구성 요소와 속성 확인하기란 대상이 어떤 부분들로 이루어져 있는지를 알고 그것들의 특징을 분명하게 하는 것을 말한다.
	학습 도구 한국어 어휘 및 문법	속성, 개념, 물질적, 필수적, 제도, 관념, 유지하다, 부가, 적응하다, 양식, 문자, 기술, 안정

학습하기 2	학습 기능	복습하기에서 핵심 정리하기 기능을 배운다. 핵심 정리하기란 가장 중심이 되거나 중요한 내용을 체계적으로 나누거나 모으는 것을 말한다.
	학습 도구 한국어 어휘 및 문법	체계적, 분석하다, 사물, 위치, 상관, 작용하다, 단위

학습 도구 어휘 및 문법 확인하기

1. 다음 (　　　)에 알맞은 것을 고르세요.

(1) 한국의 화폐 (　　　)은/는 원(₩)이다.

① 기준　② 단위　③ 범위　④ 위치

(2) 설문 조사 결과를 연령별로 나누어 (　　　).

① 동의했다　② 발전했다　③ 분석했다　④ 작용했다

(3) 운동을 하는 것은 건강을 (　　　) 위한 가장 좋은 방법이다.

① 관찰하기　② 유지하기　③ 전달하기　④ 포함하기

(4) 유학을 간 친구는 그 나라 음식에 (　　　) 것이 가장 힘들다고 했다.

① 빠지는　② 들어가는　③ 적응하는　④ 집중하는

2. 다음 밑줄 친 부분과 의미가 비슷한 것을 고르세요.

> 물은 0℃ 이하일 때 어는 속성이 있다.

① 배경　② 성질　③ 수집　④ 안정

3. 다음 밑줄 친 부분과 의미가 반대인 것을 고르세요.

> 이 지역은 홍수로 큰 피해를 입어 정부의 물질적인 도움이 필요하다.

① 개인적인　② 정신적인　③ 체계적인　④ 필수적인

학습 활동 확인하기

1. 복습의 중요성 및 효과로 알맞지 않은 것을 고르세요.

① 복습은 여러 번 하는 것이 좋다.

② 복습을 하면 배운 내용을 더 오래 기억할 수 있다.

③ 학습한 후 오랜 시간이 지난 다음에 복습을 하면 효과적이다.

④ 복습을 하면 배운 내용을 더 정확하게 이해하는 데 도움이 된다.

2. 복습 계획 및 방법에 대한 설명으로 맞으면 ○, 틀리면 × 하세요.

(1) 학습한 양이 적을 때는 여러 번 복습할 필요가 없다. (　　　)

(2) 가장 효과적인 복습 주기는 10분, 1일, 7일, 30일이다. (　　　)

(3) 복습 방법에는 교과서 다시 읽기, 공책 정리하기 등이 있다. (　　　)

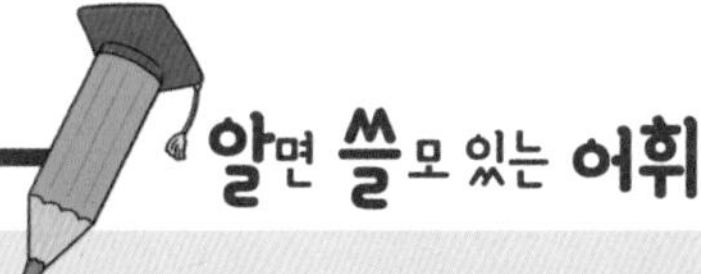

- **향상하다** 실력, 수준, 기술 등이 더 나아지다. 또는 나아지게 하다.
- **규칙적** 어떤 일에 일정한 형태나 유형이 나타나는 것.
- **꾸준히** 거의 변함이 없이 꼭 같이.
- **틀** 일정한 형식.
- **합치다** 여럿을 하나로 모으다.
- **소모하다** 써서 없애다.

학습 활동 더 알아보기

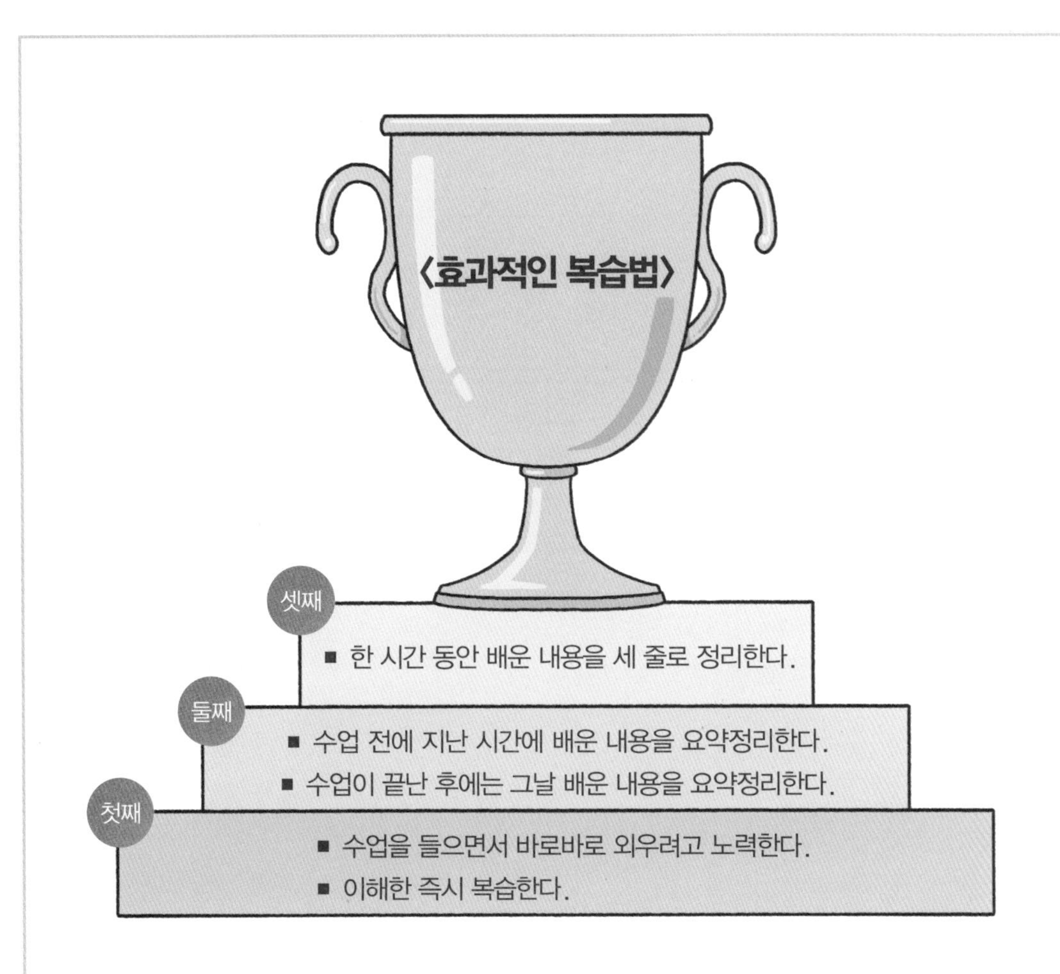

〈복습 방법 더 알아보기〉

- **친구와 함께 복습하기**
  - 친구들과 협동 학습을 하면서 복습할 수 있다. 자신이 배운 것을 가르쳐 주고, 모르는 것에 대해 도움을 받을 수 있다.
- **문제 풀기**
  - 학습한 내용과 관련된 문제를 풀어 본다.
- **예상 문제 만들기**
  - 공부한 내용을 가지고 스스로 문제를 만들고 풀어 보면 잘 이해했는지 확인할 수 있다.

구성 요소와 속성 확인하기 / 학습 기능 확인하기

구성 요소와 속성 확인하기란?

대상이 어떤 부분들로 이루어져 있는지를 알고 그것들의 특징을 분명하게 확인하는 것을 말한다. 구성 요소와 속성을 확인하면 내용을 더 분명히 이해할 수 있다.

구성 요소는 무엇을 이루는 성분의 최소 단위야. 속성은 사물이 원래 가지고 있는 특성과 특징을 말해.

한글의 속성: 한글은 자음 글자와 모음 글자로 이루어진 음소 글자야. 한글은 음절 단위로 모아쓰는 특징이 있어.

한글의 구성 요소: 음절은 초성, 중성, 종성으로 이루어지는데 초성과 종성에는 자음 글자를, 중성에는 모음 글자를 써.

〈한글의 구성 요소〉

학습 기능 익히기

▨ 구성 요소와 속성 확인하기에 대한 설명으로 맞으면 ○, 틀리면 × 하세요.

(1) 대상이 무엇으로 이루어져 있는지를 아는 것이다. (　　)

(2) 구성 요소가 갖는 특징을 파악하는 것과는 관계가 없다. (　　)

(3) 속성은 중요한 정도에 따라 핵심적인 속성과 부가적인 속성으로 나눌 수 있다. (　　)

학습 기능 더 익히기

▨ 다음을 읽고 구성 요소와 속성을 확인해 보세요.

식물을 관찰하는 탐구 활동을 하며 탐구를 잘 진행하고 있는지 점검하려고 한다. 처음에 만든 '자유 탐구 계획서'를 활용하여 탐구가 잘 진행되고 있는지 확인하는 표를 만들고 있다.

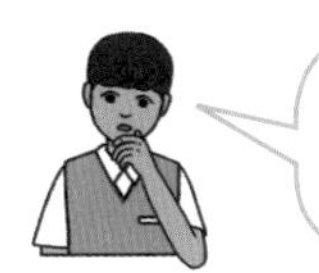

지금 일이 잘 진행되고 있는지 알고 싶어. 처음에 작성한 계획표를 가지고 점검표를 만들어 볼까?

▶ **탐구 계획서**

대한중학교 1학년 2반 이름: 호민

주제	우리 주변의 다양한 식물		
목표	- 식물의 다양성에 대해 안다. - 주위 식물을 자세히 관찰한다. - 식물도감을 만든다.		
기간	20**년 9월 3일~9월 9일		
세부 일정	일시	활동 내용	방법
	9월 3일	관찰 장소 선택하기, 관찰에 필요한 도구 확인하기 및 준비하기	
	9월 4일	식물 선택하기, 관찰하기	
	9월 5일	식물에 대한 자료 수집하기	인터넷, 책 등
	9월 6일	관찰 내용 정리하기	
	9월 7일	식물도감 만들기	

▶ **점검표**

점검 내용	네	아니요	보완 사항
1. 관찰 도구를 잘 준비했는가?			
2. 선택한 식물을 관찰했는가?			
3.			
4.			

핵심 정리하기 / 학습 기능 확인하기

핵심 정리하기란?

가장 중심이 되거나 중요한 내용을 체계적으로 모아 정리하는 것을 말한다. 글의 주제를 찾고 관련 어휘와 표현을 모으면 내용의 핵심을 정리하는 데 도움이 된다.

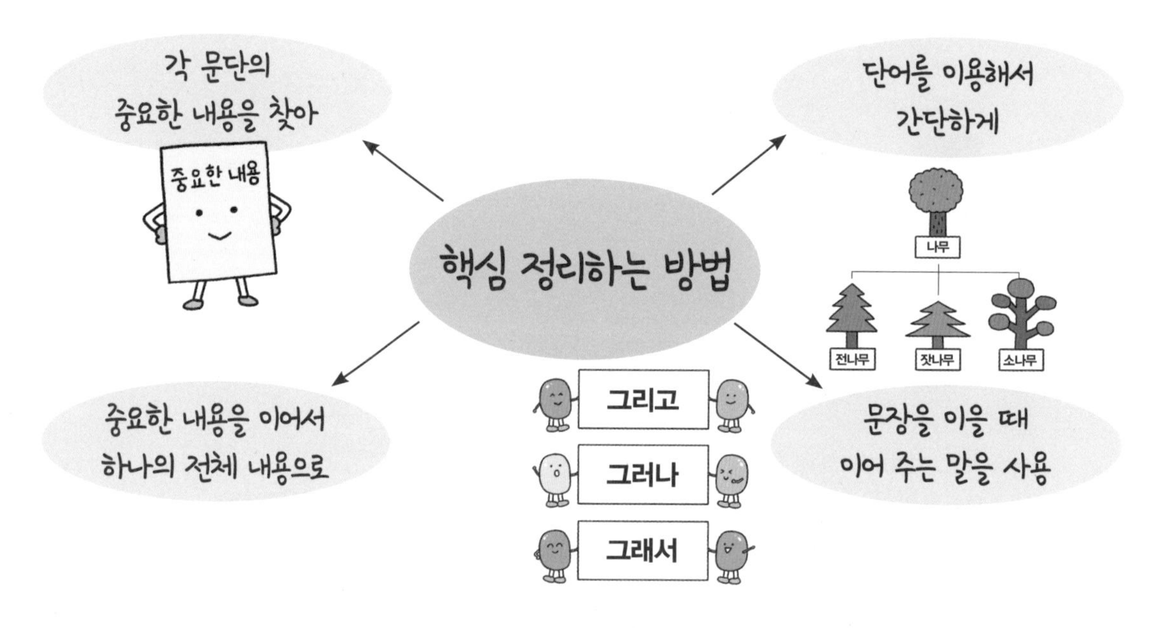

학습 기능 익히기

▨ 핵심 정리하기의 방법을 순서에 맞게 쓰세요.

㉠ 핵심 내용을 쓴다.

㉡ 주제와 관련된 어휘와 표현을 찾는다.

㉢ 주제와 관련된 어휘와 표현의 관계를 파악한다.

( ) → ( ) → ( )

학습 기능 더 익히기

다음을 읽고 핵심을 정리해 보세요.

'칭찬의 힘'에 대한 글을 읽고 핵심 어휘와 표현을 찾아 핵심 내용을 정리하려고 한다.

칭찬의 힘

'칭찬은 고래도 춤추게 만든다'는 말이 있다. 칭찬은 듣는 사람의 기분을 좋아지게 만든다. 그리고 칭찬을 들으면 자신감도 생긴다.

가수를 꿈꾸는 아이가 있었다. 선생님은 아이의 노래를 듣고 아이에게 "가수 말고 다른 직업을 생각해 보는 게 좋겠어."라고 말했다. 아이가 노래를 잘 못 불렀기 때문이다. 선생님의 말을 들은 아이는 크게 실망했다. 이 모습을 본 아이의 어머니는 "너는 세상에서 가장 아름다운 목소리를 가지고 있어."라고 칭찬해 줬다. 아이는 어머니의 말을 듣고 다시 노래를 시작했다. 그 결과 아이는 세계적인 가수가 되었다.

이렇게 칭찬은 엄청난 힘을 가지고 있다. 진심이 들어 있는 칭찬은 단순히 하는 말이 아니라 듣는 사람에게 뭐든지 할 수 있다는 용기를 주는 힘을 가지고 있다.

1. 무엇에 대한 내용인지 쓰세요.

____

2. 핵심 어휘와 표현을 찾아 쓰세요.

____

3. 핵심 내용을 정리해 보세요.

____

8과 점검하기

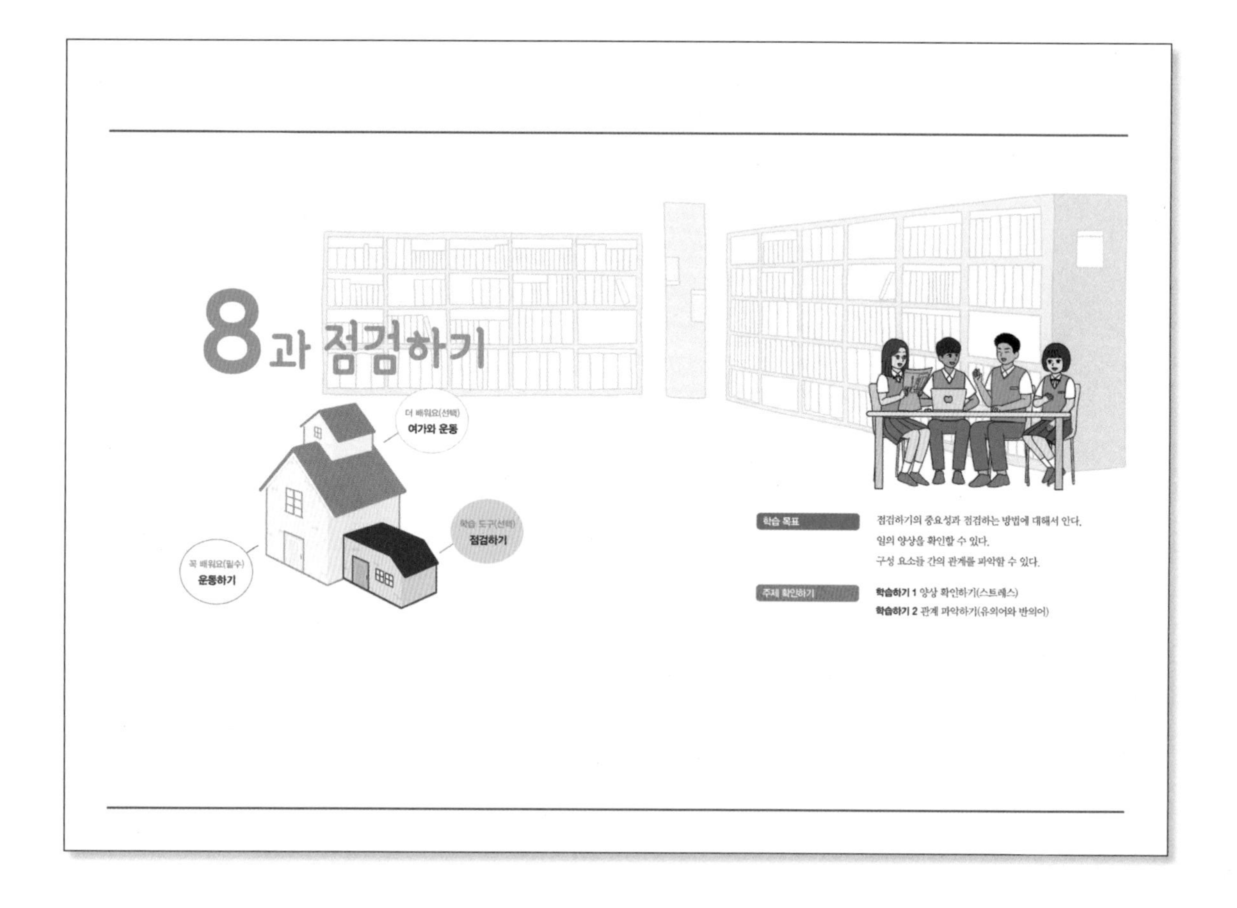

<table>
<tr><td rowspan="2">학습하기 1</td><td>학습 기능</td><td>점검하기에서 양상 확인하기 기능을 배운다.
양상 확인하기란 사물이나 현상의 모양이나 상태를 알아보는 것을 말한다.</td></tr>
<tr><td>학습 도구
한국어
어휘 및 문법</td><td>양상, 점검, 심리적, 내부, 진행되다, 바탕, 극복하다</td></tr>
</table>

<table>
<tr><td rowspan="2">학습하기 2</td><td>학습 기능</td><td>점검하기에서 관계 파악하기 기능을 배운다.
관계 파악하기란 어떤 일(사건)이나 대상들이 서로 어떤 관계가 있는지, 어떤 영향을 주고받는지를 살피는 것을 말한다.</td></tr>
<tr><td>학습 도구
한국어
어휘 및 문법</td><td>논리적, 이론, 필연적, 사실적, 변화, 실체, 기능적, 유형, 공존, 대립, 모순</td></tr>
</table>

학습 도구 어휘 및 문법 확인하기

1. 다음 (　　　)에 알맞은 것을 고르세요.

(1) 첫 번째로 발표를 하는 것은 (　　　) 부담이 되는 일이다.

① 구체적으로　② 부정적으로　③ 심리적으로　④ 체계적으로

(2) 환절기에는 날씨의 (　　　)이/가 심하기 때문에 감기에 걸리기 쉽다.

① 모순　② 변화　③ 질서　④ 환경

(3) 이곳은 오래된 건물과 새 건물이 함께 있어 과거와 현재가 (　　　) 있는 느낌이다.

① 공존하고　② 극복하고　③ 발전하고　④ 적응하고

2. 다음 밑줄 친 부분과 의미가 비슷한 것을 고르세요.

(1) 소설은 인간의 다양한 삶의 양상을 보여 준다.

① 모습　② 배경　③ 범위　④ 핵심

(2) 시험은 객관식과 주관식의 두 유형으로 나눌 수 있다.

① 바탕　② 실체　③ 원칙　④ 종류

3. 다음 밑줄 친 부분과 의미가 반대인 것을 고르세요.

(1) 문이 열려 있어서 방의 내부를 볼 수 있었다.

① 대립　② 사회　③ 외부　④ 현장

(2) 의도하지 않은 우연적인 만남에서 시작하여 결혼에 이르는 경우도 많다.

① 개인적인　② 사실적인　③ 필연적인　④ 효과적인

학습 활동 확인하기

1. 다음에서 설명하는 문서의 이름을 쓰세요.

> 어떤 대상이나 일에 대해 조사하여 맞는지 안 맞는지, 좋은지 나쁜지 등을 확인해 표 형식으로 나타낸 문서

( )

2. 다음 중 공부를 하면서 점검하지 않아도 되는 사항을 고르세요.

① 학습하는 목적

② 학습의 전체 의미 파악

③ 학습 중 주의 집중 상태

④ 함께 학습하는 사람의 특징

알면 쓸모 있는 어휘

- **하나하나** 전체를 이루고 있는 각각의 대상.
- **살피다** 자세히 알아보거나 따져 보다.
- **생각 그물** 마음속에 지도를 그리듯이 줄거리를 이해하며 정리하는 방법.
- **수준** 사물의 가치나 질 등을 판단하는 기준이 되는 정도.
- **수필** 어떤 주제에 대하여 개인적인 느낌이나 의견을 자유로운 형식으로 쓴 글.

〈점검하기의 필요성〉

• 일의 양상이나 과정을 살피고 확인하는 점검하기의 과정을 통해 현재를 정확하게 파악하고 더 나은 미래를 위한 준비를 할 수 있다.

학습 점검표의 예

학습 점검표			
점검 내용	네	아니요	보완 사항
1. (국어) 책을 2쪽 이상 읽었는가?			
2. (수학) 5문제 이상 문제를 풀었는가?			
3. (영어) 새로운 단어를 10개 이상 외웠는가?			

글쓰기 점검표의 예

글쓰기 점검표			
점검 내용	네	아니요	보완 사항
주제를 잡기 위해 여러 생각을 했다.			
어떤 방식으로 글을 구성할지 고민했다.			
글의 개요를 작성했다.			
작성한 개요를 보고 글을 썼다.			
글을 쓴 다음에 수정하는 시간을 가졌다.			
글을 수정하는 과정에서 자신의 글을 다른 사람에게 보여 주었다.			
자신이 쓴 글이 만족스럽다.			

양상 확인하기 / 학습 기능 확인하기

양상 확인하기란?

사물이나 현상의 모양 또는 상태를 알아보는 것을 말한다. 양상 확인하기를 통해 어떤 대상의 모습이나 일의 상태를 정확히 이해할 수 있으며 점검표를 활용하면 좀 더 분명하게 양상을 확인할 수 있다.

양상을 확인하면 판단을 확실하게 할 수 있어요.
양상은 필연적인가, 우연적인가, 가능한가, 불가능한가, 현실적인가, 비현실적인가로 나눌 수 있어요.

학습 기능 익히기

▨ 다음을 읽고 안나가 할 수 있는 말로 알맞지 않은 것을 고르세요.

스트레스 점검표를 통해 확인해 보니 나는 '스트레스의 영향을 받기 시작한 단계'라고 해. 나도 스트레스를 받기 시작했구나. 점검 항목에 표시를 하다 보니 요즘 내가 어떤 일에 스트레스를 받고 있는지 알 것 같았어. 결과를 보면 '이 상태가 계속되면 나쁜 스트레스의 결과가 나타날 수 있다.'라고 하네.

양상을 확인하면

① 미래의 모습을 예상할 수 있네.
② 현재 나의 상태를 알 수 있구나.
③ 스트레스의 진행 단계를 확인할 수 있네.
④ 과거의 일이 현재와 아무 관계가 없다는 것을 알 수 있구나.

학습 기능 더 익히기

다음을 읽고 양상을 확인해 보세요.

한 달 동안 달을 관찰하여 체험 보고서를 작성했다. 체험 보고서를 보고 달의 양상을 확인하려고 한다.

관찰 날짜	관찰 시각	달의 위치	달의 모양
1일	하루 종일 달을 볼 수 없었음.		
2~3일	19시	서쪽 하늘	
7~8일	19시	남쪽 하늘	
	23시	서쪽 하늘	
15일	19시	동쪽 하늘	
	23시	남쪽 하늘	
22~23일	23시	동쪽 하늘	
	06시	남쪽 하늘	
28~29일	06시	동쪽 하늘	

1. 달의 모양이 어떻게 달라지는지 쓰세요.

2. 달의 위치가 어떻게 달라지는지 쓰세요.

관계 파악하기 / 학습 기능 확인하기

관계 파악하기란?

어떤 일(사건)이나 대상들이 서로 어떤 관계가 있는지, 어떤 영향을 주고받는지를 살피는 것을 말한다. 어떤 대상들 사이의 관계를 파악해 두면 서로 어떤 영향을 주고받는지 알 수 있다.

관계의 유형에는 다음과 같은 것들이 있어요.

- **인과 관계** : 늦잠을 자서 학교에 지각했다.
- **공존 관계** : 한 나라 안에 다양한 종교가 함께 존재한다.
- **대립 관계** : 내일 학급 회의를 하는 것에 대해 찬성과 반대 의견이 있다.
- **유사 관계** : 하나와 일(1)은 비슷한 의미의 어휘이다.
- **모순 관계** : 모든 것을 찌를 수 있는 창이 있다. 동시에 모든 것을 막을 수 있는 방패도 있다.
- **상하 관계** : 상의어가 동물일 때 하의어는 호랑이, 강아지, 고양이 등이 된다.

학습 기능 익히기

▨ 관계의 유형과 그에 대한 설명으로 알맞은 것끼리 연결하세요.

(1) 원인과 결과의 관계	●	●	공존 관계
(2) 서로 도우며 함께 존재하는 관계	●	●	대립 관계
(3) 의견이나 특징 등이 서로 반대인 관계	●	●	모순 관계
(4) 어떤 사실의 앞뒤가 서로 맞지 않는 관계	●	●	상하 관계
(5) 하나의 대상이 다른 대상에 포함되는 관계	●	●	유사 관계
(6) 둘 이상의 사물의 성질이 서로 비슷한 관계	●	●	인과 관계

다음을 읽고 관계를 파악해 보세요.

다음 사회 시간에 배울 '인간과 자연의 관계'에 대해서 미리 예습하고 있다. '인간과 자연'은 어떤 관계가 있는지 찾아보려고 한다.

1

도시화가 진행되면서 풀이나 나무를 심을 땅은 줄어들고 사람이나 자동차가 지나다니기 편하게 만든 도로가 증가하고 있다. 그래서 비가 오면 빗물이 땅으로 들어가지 못하고 강이나 바다로 흘러 들어가게 된다. 이 때문에 물의 높이가 높아져 홍수가 나게 되는 것이다.

2

과거에는 사람이 살기 편한 도시를 만들었다. 하지만 최근에는 인간과 자연이 서로 잘 어울리는 도시를 만들기 위한 노력이 이어지고 있다. 예를 들어 자연에 최대한 피해를 주지 않도록 공원을 만들거나 흙길 만들기, 동물을 위한 길 만들기 등의 노력을 하고 있다. 이는 다시 말하면 인간과 자연이 함께 살아가야 함을 보여 주는 것이다.

〈보기〉

㉠ 공존 관계 ㉡ 대립 관계 ㉢ 모순 관계 ㉣ 상하 관계 ㉤ 유사 관계 ㉥ 인과 관계

1

2

9과 문제 풀기

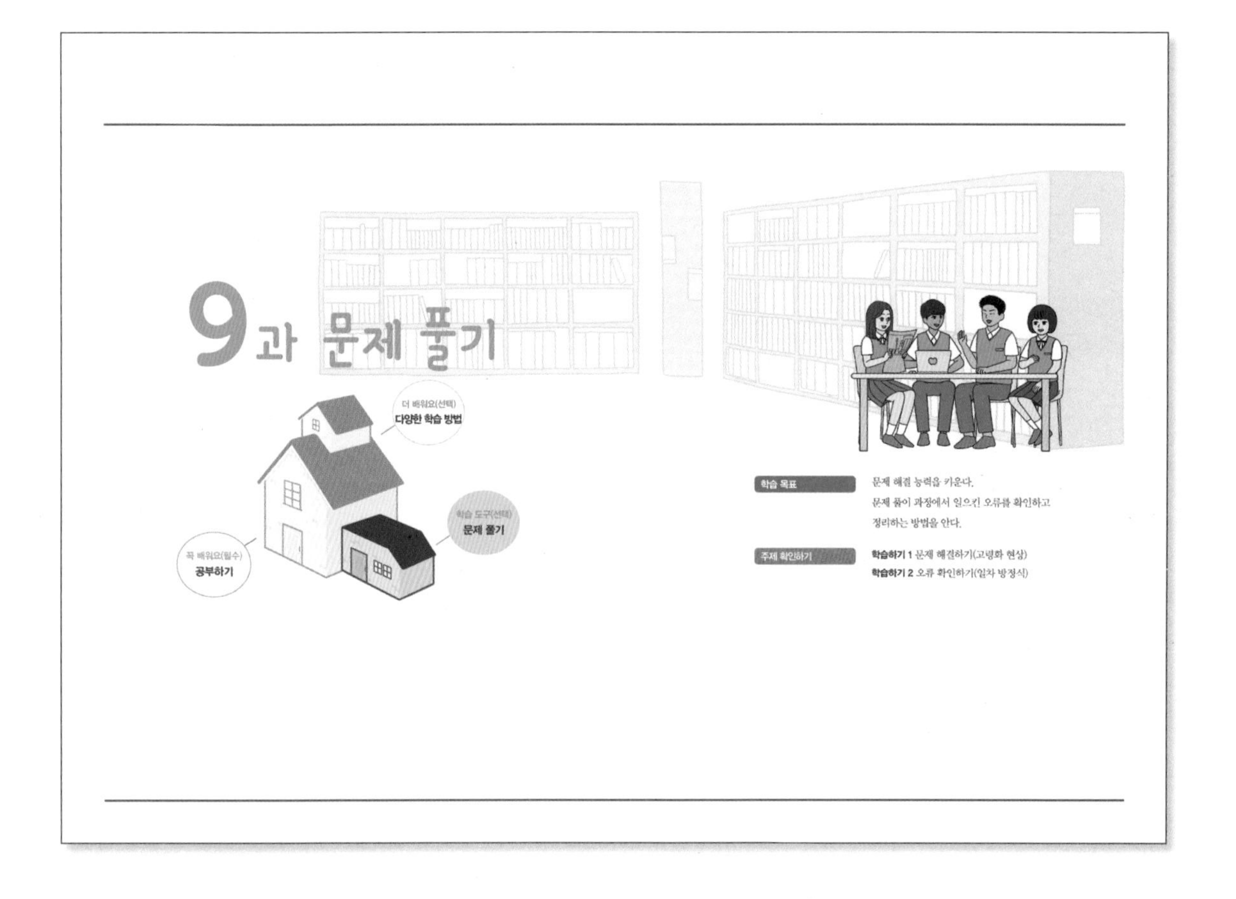

<table>
<tr><td rowspan="2">학습하기 1</td><td>학습 기능</td><td>문제 풀기에서 문제 해결하기 기능을 배운다.
문제 해결하기란 문제의 원인을 밝히고 그 원인을 근거 삼아 해결 방안을 제시하는 것을 말한다.</td></tr>
<tr><td>학습 도구 한국어 어휘 및 문법</td><td>방안, 보장, 평균, 장려하다, 단서, 변동, 소재, 해당, 비율, 차지하다, 대비하다, 지원하다, 확대하다, 강화하다</td></tr>
<tr><td rowspan="2">학습하기 2</td><td>학습 기능</td><td>문제 풀기에서 오류 확인하기 기능을 배운다.
오류 확인하기란 어떤 것의 과정이나 결과에서 틀렸거나 잘못된 점을 찾아내고 그에 대해서 분석해 보는 것을 말한다.</td></tr>
<tr><td>학습 도구 한국어 어휘 및 문법</td><td>오류, 출처, 응용력, 유형별, 표시하다, 확실히, 완벽하다, 기본적</td></tr>
</table>

학습 도구 어휘 및 문법 확인하기

1. 다음 (　　)에 알맞은 것을 고르세요.

(1) 문제를 해결할 좋은 (　　　)이/가 떠오르지 않는다.

① 방안　② 보장　③ 오류　④ 평균

(2) 한국의 전체 인구에서 65세 이상 노인 인구의 (　　　)이/가 점점 높아지고 있다.

① 단서　② 비율　③ 장려　④ 표시

(3) 보고서에 사용한 자료를 어디에서 가지고 왔는지 (　　　)을/를 반드시 써야 한다.

① 요소　② 제도　③ 출처　④ 핵심

2. 다음 밑줄 친 부분과 의미가 비슷한 것을 고르세요.

(1) 평소 계획을 잘 세우는 그는 한 번 시작한 일은 빈틈없이 해낸다.

① 독특하게　② 심각하게　③ 완벽하게　④ 지혜롭게

(2) 부모님은 우리가 공부를 할 수 있도록 경제적으로 뒷받침해 주셨다.

① 고려해　② 전달해　③ 지원해　④ 판단해

3. 다음 밑줄 친 부분과 의미가 반대인 것을 고르세요.

(1) 대부분의 질병은 우리 몸의 면역 기능이 약화되었을 때 생긴다.

① 강화되었을　② 논의되었을　③ 요청되었을　④ 조사되었을

(2) 환경 보호를 위해 일회용품의 사용을 축소하자는 주장이 나오고 있다.

① 삭제하자는　② 제안하자는　③ 표시하자는　④ 확대하자는

학습 활동 확인하기

다음은 교과목과 효율적인 공부 방법에 대한 설명입니다. 빈칸에 알맞은 것을 쓰세요.

단락　　공식　　용어　　탐구 활동

(1) 사회는 (　　　　　)의 개념을 명확히 알고 암기해야 한다.

(2) 과학은 (　　　　　)와/과 이미지를 통해 개념을 익히는 것이 효율적이다.

(3) 국어는 본문에서 글의 종류와 주제, (　　　　　)의 중심 문장을 파악해야 한다.

(4) 수학 (　　　　　)을/를 외울 때는 단순히 암기하지 말고 그것이 나오기까지의 과정을 이해하는 것이 중요하다.

알면 쓸모 있는 어휘

- **길잡이** 나아갈 방향을 가리켜 주거나 목적을 이룰 수 있도록 이끌어 주는 것.
- **단락** 글, 영화, 음악 등에서 같은 내용으로 묶인 하나하나의 짧은 이야기 부분.
- **공식** 수학 계산, 과학에서 법칙을 수식이나 기호로 나타낸 것.
- **용어** 어떤 분야에서 전문적으로 사용하는 말.
- **범주** 같은 성질을 가진 부류나 범위.
- **속하다** 어떤 것에 관계되어 그 범위 안에 들다.

학습 활동 더 알아보기

〈문제 풀기〉

- 모든 교과에는 학습한 내용에 대한 문제가 나와 있는데, 이러한 문제를 해결하는 과정을 문제 풀기라고 한다.

〈문제 풀기의 기본〉

- 문제의 뜻을 정확하게 파악하기
- 문제가 요구하는 학습 이론에 대해 명확하게 이해하기
- 각 교과 수업 시간에 집중하기

〈여러 가지 문제 유형과 표현 방식〉

맞는 것을 고르는 문제 유형

- ~ 알맞은 것을 고르시오.
- ~ 바람직한 것은?
- ~ 옳은 것은?
- ~ 가장 가까운 것은?

틀린 것을 고르는 문제 유형

- ~ 틀린 것을 고르시오.
- ~ 바르지 않은 것은?
- ~ 알맞지 않은 것은?
- ~ 적절하지 않은 것은?
- ~ 일치하지 않는 것은?

정답이 여러 개인 문제 유형

- ~ 모두 고르시오.
- ~ 2가지 고르시오.
- ~ 2개 이상 고르시오.

문제 해결하기 / 학습 기능 확인하기

문제 해결하기란?

문제의 원인을 밝히고 그 원인을 근거 삼아 해결 방안을 제시하는 것을 말한다. 문제를 해결하기 위해서는 우선 문제에서 묻고 있는 것이 무엇인지 파악해야 한다.

문제 해결은 일반적으로 아래와 같은 단계로 이루어져요.
첫째, 문제점을 파악한다.
둘째, 문제 해결을 위한 방법을 찾는다.
셋째, 구체적인 계획을 세운다.
넷째, 계획을 실행한다.
다섯째, 문제가 제대로 해결되었는지 확인한다.

학습 기능 익히기

▨ 다음 문제를 해결하기 위해 필요한 단서를 찾아 쓰세요.

> 선영이는 이번 겨울 방학 때 오스트레일리아 시드니로 여행을 갈 예정이다. 그래서 반팔 티셔츠와 반바지, 선크림 등을 준비하고 있다. 왜냐하면 오스트레일리아는 (　　) 때문이다.

① 강수량이 많기　　② 날짜 변경선을 지나가기
③ 극지방 주변에 위치하고 있기　　④ 남반구에 위치하여 한국과 계절이 반대이기

단서:

정답: ④

학습 기능 더 익히기

▨ 다음을 보고 문제를 해결할 수 있는 방안을 써 보세요.

사회 시간에 '환경 문제'와 관련된 그림을 보고 친구들과 함께 협동 학습으로 환경 문제의 원인과 해결 방안에 대해 이야기해 보려고 한다.

	환경 문제	원인 분석	해결 방안
가	대기 오염		
나	수질 오염		

오류 확인하기 / 학습 기능 확인하기

오류 확인하기란?

어떤 것의 과정이나 결과에서 틀렸거나 잘못된 점을 찾아내고 그에 대해서 분석해 보는 것을 말한다. 문제를 왜 틀렸는지 알면 자신의 부족한 부분을 파악할 수 있으므로 다음에 비슷한 문제가 나왔을 때 틀리지 않게 된다.

다음과 같이 오답 노트를 만들어 오류를 확인하면서 공부하는 것이 좋아요.
- 단원별로 구분하여 오답을 정리하면 자신이 취약한 부분을 파악할 수 있다.
- 도표, 그래프, 그림 자료가 제시된 문제의 경우 제대로 이해했는지 확인하기 위해 해석한 내용을 적어 본다.
- 틀린 문제의 개념을 교과서에서 찾아 자신만의 방법으로 다시 정리하고 필요한 경우 암기한다.
- 틀린 문제에 모르는 용어가 많은 경우 어휘 목록을 만들고 암기한다.

학습 기능 익히기

다음을 보고 문제를 틀린 이유를 찾아 ✔하세요.

틀린 문제

뭐지? ???

국제 수지의 (㉠)는 외국으로부터 벌어들인 외환이 지급한 외환보다 많을 경우를 말하며, 국제 수지의 (㉡)는 그 반대를 의미한다.

정답 ㉠ - 흑자 ㉡ - 적자

틀린 이유

☐ 공식 암기 부족 ☐ 어휘력 부족 ☐ 단순 실수

나의 생각

어려운 용어가 많아서 문제를 이해하지 못했다. 그래서 답을 쓸 수 없었다.

다음을 읽고 누구의 관찰 행동에 오류가 있는지 확인해 보세요.

선생님이 관찰 활동에 대해 설명했다. 학생들은 선생님의 지시에 따라 볼록 렌즈로 관찰을 했다. 그런데 지시 내용에 맞지 않게 관찰하는 학생이 있다. 누구에게 어떤 오류가 있는지 확인할 것이다.

볼록 렌즈는 가운데 부분이 두껍고 둥글게 올라와 있는 렌즈예요. 볼록 렌즈로 물체를 보면 크게 보여요. 하지만 물체에서 멀어지면 물체의 모양이 뒤집혀 보이고 작게 보여요.

돋보기는 볼록 렌즈를 이용한 거예요. 지금부터 돋보기로 곰 인형을 볼 거예요. 먼저 10cm 떨어져서 보세요. 그다음 한 팔 길이보다 더 멀리 떨어져서 보세요. 어떻게 보이는지 그림을 그리고 설명하세요.

정호		이렇게 조금 떨어져서 보니까 인형이 바로 선 모양이고 크게 보여요.
와니		멀리서 보니까 정말 인형이 거꾸로 선 모양이고 작게 보여요.
선영		가능한 한 가까이에서 보고 있는데 작게 보여요.

이름	
이유	

10과 발표하기

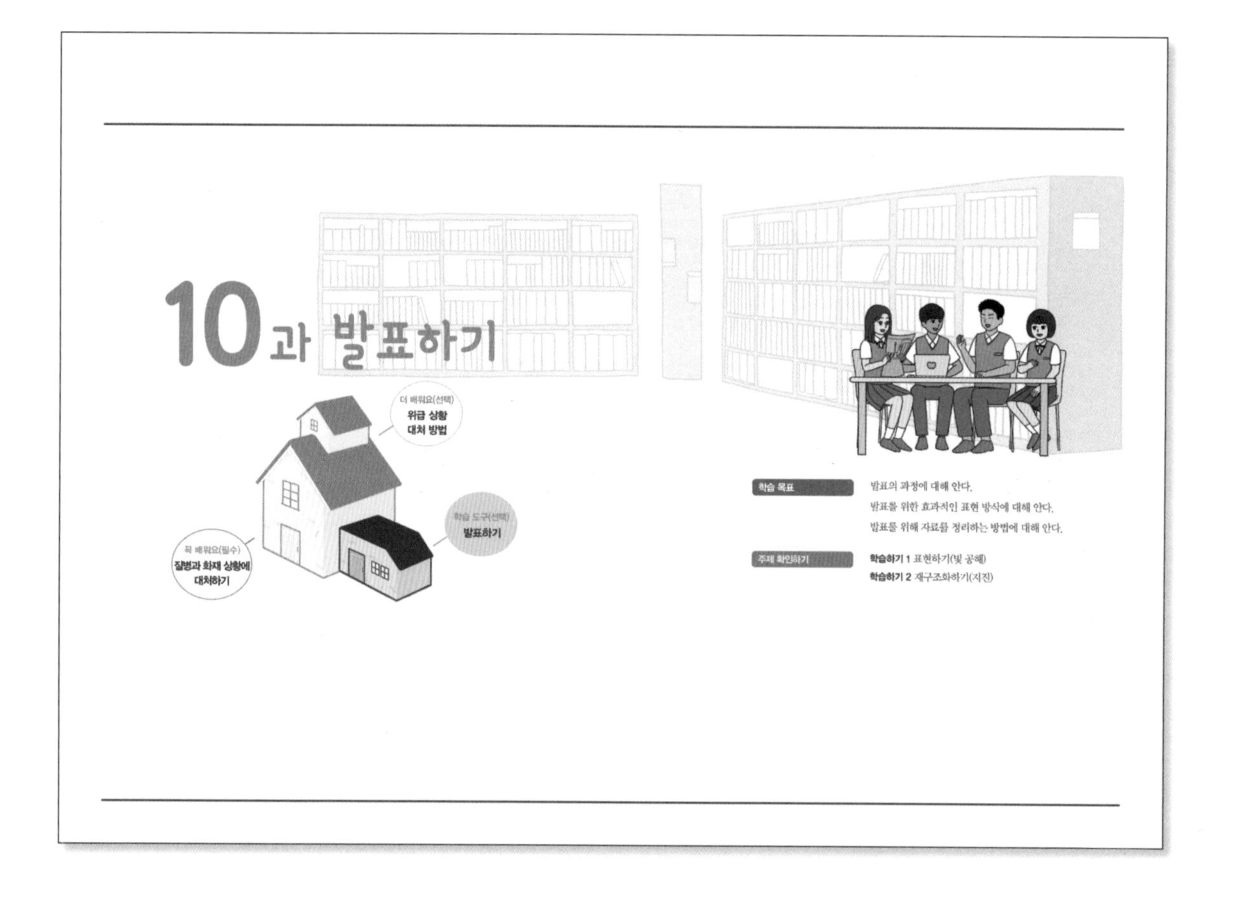

학습하기 1	학습 기능	발표하기에서 표현하기 기능을 배운다. 표현하기란 정보를 전달할 때 중요한 내용들이 어떻게 관련되어 있는지를 보여 주기 위해 시각적, 언어적, 상징적 표현 형태를 취하는 것을 말한다.
	학습 도구 한국어 어휘 및 문법	형태, 발생하다, 장애, 악영향, 관측하다, 최소화하다, 도식, 조직도, 항목, 방식

학습하기 2	학습 기능	발표하기에서 재구조화하기 기능을 배운다. 재구조화하기란 정보들을 통합하기 위해 기존의 지식 구조를 변화시키는 것을 말한다.
	학습 도구 한국어 어휘 및 문법	규모, 현황, 대응, 시스템, 연계되다, 연관되다, 기존, 조합하다, 인식, -고자

학습 도구 어휘 및 문법 확인하기

1. 다음 (　　　)에 알맞은 것을 고르세요.

(1) 의사들은 지나친 운동이 건강에 (　　　)을/를 줄 수 있다고 말한다.

① 악영향　② 안정　③ 정보　④ 중요성

(2) 빛 공해로 인해 밤에 잠을 못 자는 수면 (　　　)이/가 발생하고 있다.

① 과정　② 장애　③ 특징　④ 활동

(3) 학생들이 스마트폰을 하루에 얼마나 사용하는지 (　　　)을/를 조사하여 제출해야 한다.

① 단서　② 사항　③ 피해　④ 현황

2. '-고자'를 사용하여 〈보기〉와 같이 문장을 완성하세요.

〈보기〉

와니는 선영이를 만나고자 교실에 갔다. (만나다)

(1) 영수는 꿈을 ________ 밤낮으로 열심히 공부하고 있다. (이루다)

(2) 친구들과 새로운 동아리를 ________ 학교에 신청서를 제출했다. (만들다)

3. 다음 밑줄 친 부분과 의미가 비슷한 것을 고르세요.

(1) 미술관에는 다양한 모양의 조각품들이 전시되어 있었다.

① 소재　② 제도　③ 표현　④ 형태

(2) 사람은 누구나 자신의 이익과 연관된 문제에 대해서는 깊이 고민하고 결정한다.

① 관련된　② 반복된　③ 분류된　④ 일치된

학습 활동 확인하기

1. 발표의 과정을 순서에 맞게 쓰세요.

㉠ 발표하기
㉡ 개요 작성하기
㉢ 자료 선정하기
㉣ 발표문 작성하기
㉤ 발표 자료 만들기
㉥ 발표 주제 선정하기
㉦ 발표 상황과 목적 파악하기

㉦ → ( ) → ( ) → ( ) → ㉣ → ( ) → ( )

2. 발표 태도에 대한 설명으로 맞으면 ○, 틀리면 × 하세요.

(1) 발표를 시작할 때는 정중하게 인사한다. ( )

(2) 발표를 할 때는 자신 있는 목소리로 말한다. ( )

(3) 발표를 할 때는 듣는 사람과 눈을 마주치지 않는다. ( )

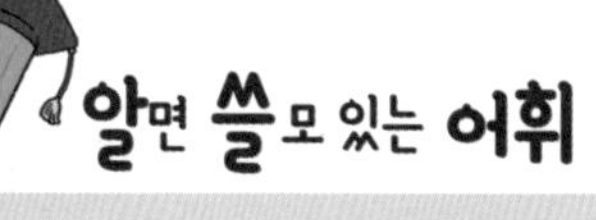

- **연령** 사람이 살아온 해의 수.
- **개요** 전체 내용 중에서 주요 내용을 뽑아 간단하고 짧게 정리한 것.
- **시청각** 눈으로 보는 감각과 귀로 듣는 감각.
- **청중** 강연이나 음악 등을 듣기 위하여 모인 사람들.
- **정중하다** 태도나 분위기가 무게 있고 점잖다.
- **마주치다** 서로 똑바로 부딪치거나 만나다.

〈발표문 작성하기〉

안녕하세요. 지진 발생 시 대피 방법이라는 주제로 발표를 하게 된 이선영입니다.

발표 주제 및 발표자를 소개한다.

최근 여러 차례 발생한 지진으로 인해 한국이 더 이상 지진의 안전지대가 아니라는 인식이 강해지고 있습니다. 지진에 대해 잘 알면 지진으로 인한 피해를 최소화할 수 있을 거라고 생각해 오늘 발표를 준비하게 되었습니다.

발표 주제를 선정한 이유를 설명한다.

발표의 순서는 다음과 같습니다. 먼저, 지진이 왜 발생하는지 원인에 대해 말씀드리겠습니다. 그리고 지진의 원리에 대해 간단하게 설명하고, 지진의 규모와 피해 정도를 일컫는 진도에 대해 말씀드리고자 합니다. 마지막으로 지진이 발생했을 때 어떻게 대피해야 하는지 방법에 대해 소개하는 것으로 발표를 마치도록 하겠습니다.

발표 내용이 어떻게 진행되는지 순서를 설명한다.

그럼 지금부터 발표를 시작하겠습니다.

발표를 듣는 사람들이 발표의 시작을 알 수 있도록 한다. 마찬가지로 발표가 끝날 때도 끝났음을 알 수 있도록 '발표를 마치겠습니다.'와 같이 말을 하여 끝낸다.

표현하기 학습 기능 확인하기

표현하기란?

정보를 전달할 때 중요한 내용들이 어떻게 관련되어 있는지를 보여 주기 위해 시각적, 언어적, 상징적 표현 형태를 취하는 것을 말한다. 표현하기를 잘하면 상대방에게 내용을 더 명확하게 전달할 수 있다.

보고서에서 표현을 할 때는 다음과 같은 점에 주의해야 해요.
첫째, 보고서에 넣을 그림들은 단순하고 명확해야 해요. 그렇기 때문에 눈금 선이나 테두리, 배경 무늬, 3차원 등의 효과는 주의를 산만하게 할 수 있어 사용을 피해야 해요.
둘째, 그림이나 그래프를 사용할 때는 보고서에 인용한 순서에 따라 그림 번호를 붙여 줘요.
셋째, 표 역시 그림과 같이 차례대로 번호를 붙여 줘요. 그림의 번호와 섞어서 번호를 쓰면 안 돼요.

학습 기능 익히기

▨ 다음의 내용을 전달하는 방법으로 알맞은 것을 골라 연결하세요.

와니는 '지구 온난화'를 주제로 발표를 준비하고 있다. 발표 보조 자료를 만들면서 내용을 어떻게 표현해야 듣는 사람들에게 효과적으로 전달할 수 있을지 고민이 되었다.

(1) 지구 온난화의 정의	●	●	글로 표현
(2) 사막화 지역의 모습	●	●	그래프로 표현
(3) 지구의 평균 기온의 변화	●	●	그림이나 사진으로 표현

▨ 다음을 읽고 표현해 보세요.

영수는 추의 무게와 늘어난 용수철의 길이 사이에 어떤 관계가 있는지 알아보기 위한 실험을 한 후 실험 결과 보고서를 작성하고 있다. 실험 결과를 한눈에 알아볼 수 있게 표현하려고 한다.

〈과학 실험 결과 보고서〉

소속	대한중학교 1학년 2반	이름	김영수
일시	20**년 6월 28일	장소	과학실
준비물	용수철, 스탠드, 두꺼운 도화지, 자, 집게, 추, 모눈종이, 고무줄		
실험 방법	1. 용수철을 스탠드에 걸어 고정한다. 2. 용수철 끝의 고리에 20g 추 한 개를 걸어 놓는다. 3. 종이 자의 눈금 '0'을 용수철 끝에 맞춘다.		
탐구 결과	먼저, 힘을 잴 수 있는 장치에 20g의 추를 한 개 매달았을 때 용수철이 늘어난 길이는 2㎝였다. 추를 두 개 매달았을 때는 4㎝, 세 개 매달았을 때는 6㎝였고, 그리고 여섯 번째 추를 매달 때는 용수철의 길이가 12㎝로 늘어났다. 장치에 20g의 추를 하나씩 추가할 때마다 용수철의 길이는 2㎝씩 늘어났다. 이상의 내용을 정리하면 다음과 같다.		

재구조화하기 / 학습 기능 확인하기

재구조화하기란?

정보들을 통합하기 위해 기존의 지식 구조를 변화시키는 것을 말한다. 학교에서 발표를 하거나 글을 쓸 때 목적이나 주제에 맞는 정보를 수집하고, 수집한 정보들 사이의 연관성을 파악한 후 재구조화하는 것이 중요하다.

재구조화를 통해 새로운 정보를 만들어 낼 때는 재구조화에 사용되는 기존 정보가 믿을 만한 것인지 먼저 확인하세요.

학습 기능 익히기

▨ 다음 자료를 재구조화해 발표 주제에 맞게 목차를 짜 보세요.

한국의 환경 문제를 주제로 발표 준비를 하고 있는데, 내가 짠 구조가 어떨지 모르겠어. 나는 이런 순서로 짰는데…….

내 생각에는 환경 오염의 개념에 대해 먼저 설명하고, 환경 오염이 왜 문제인지, 이를 해결하기 위해 현재 무엇을 하고 있는지, 우리가 할 수 있는 것은 무엇인지의 순서로 하는 것이 어떨까?

환경 오염의 정의 및 종류
환경 오염을 해결하기 위한 정부의 노력
대기 오염, 수질 오염, 토양 오염이 환경에 미치는 영향
환경 보호를 위해 우리가 할 수 있는 일

목차

1. ____________________
2. ____________________
3. ____________________
4. ____________________
5. 결론

학습 기능 더 익히기

다음을 읽고 재구조화해 보세요.

오늘 배운 내용을 복습하면서 교과서의 내용과 수업 시간에 필기한 내용을 합쳐서 공책에 하나로 정리하려고 한다.

신재생 에너지와 지속 가능한 발전

1. 화석 연료

화석 연료의 양이 정해져 있고 화석 연료가 다시 만들어지는 데 시간이 오래 걸린다는 문제점이 있다. 그래서 계속 없어지지 않는 친환경적 에너지를 개발해야 한다. → 신재생 에너지의 필요성

2. 신재생 에너지 → 신에너지 + 재생에너지

신재생 에너지는 화석 연료를 다 사용했을 때를 대비하여 화석 연료를 대신할 친환경적 에너지이며 계속 만들 수 있는 에너지이다.

신재생 에너지에는 태양광 발전, 풍력 발전, 조력 발전, 연료 전지 등이 있다.

- 신에너지: 기존의 화석 연료를 다르게 바꾸어 이용하는 에너지
  예) 수소 에너지
- 재생에너지: 자연의 햇빛, 강수 등을 다르게 바꾸어 이용하는 에너지
  예) 태양열 에너지

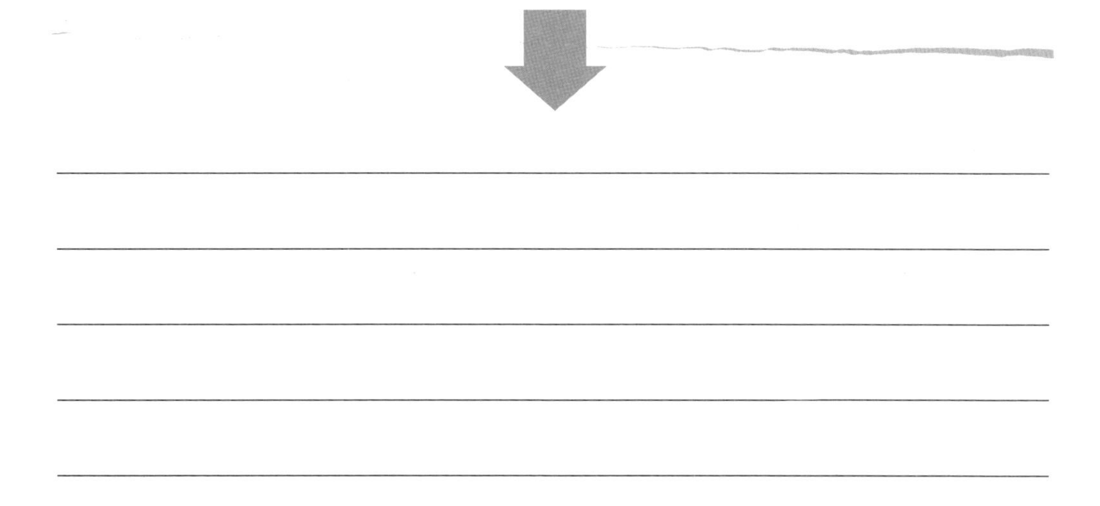

11과 토론하기

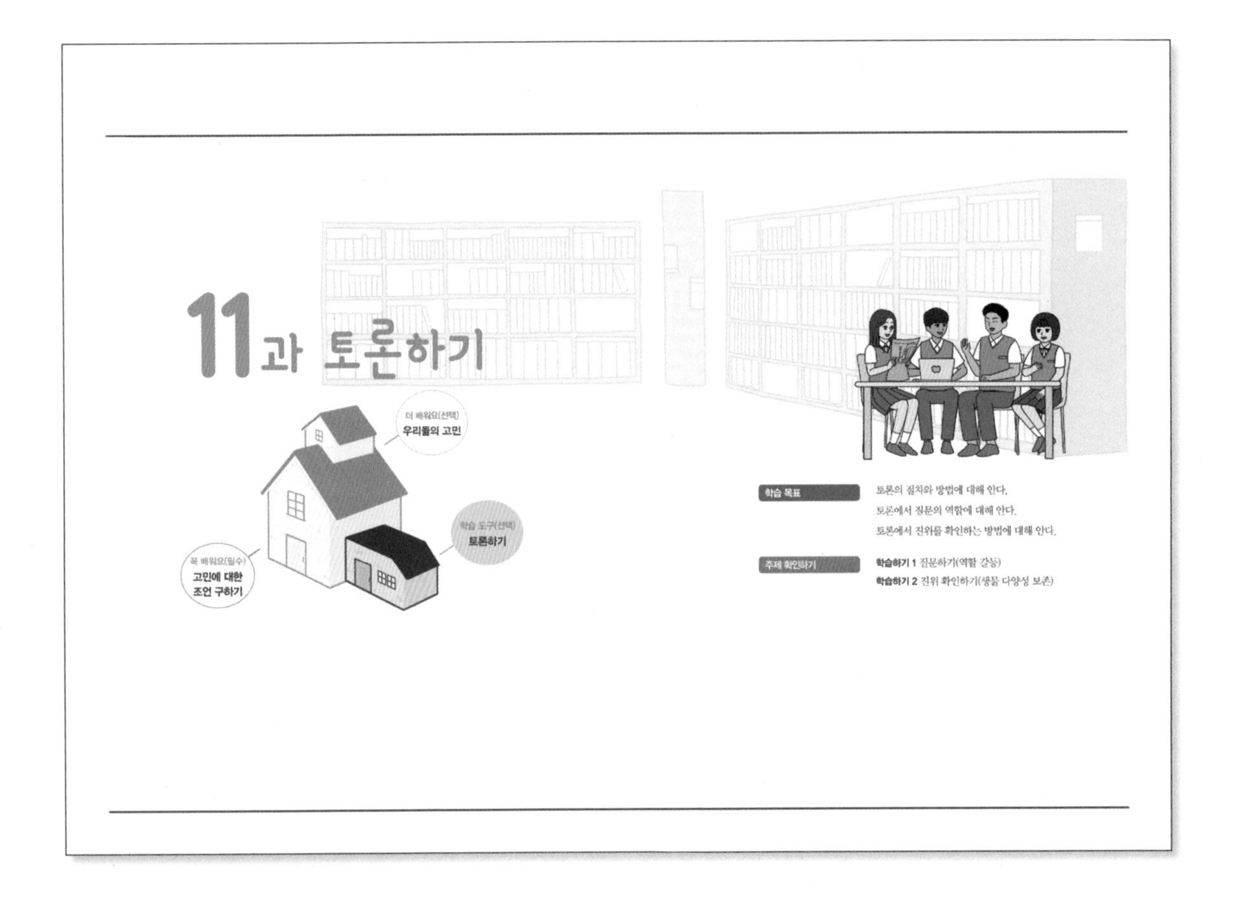

학습하기 1	학습 기능	토론하기에서 질문하기 기능을 배운다. 질문하기란 어떤 내용에 대해 모르는 것이거나 알고 있는 사실과 다를 때 묻는 것을 말한다. 또한 해당 내용에 대해 다시 확인할 필요가 있을 때 묻는 것을 말한다.
	학습 도구 한국어 어휘 및 문법	토론하다, 갈등, 살펴보다, 입장, 동등하다, -으십시오

학습하기 2	학습 기능	토론하기에서 진위 확인하기 기능을 배운다. 진위 확인하기란 어떤 내용이 참인지 거짓인지를 확인함으로써 의견이나 주장의 진실 여부를 밝히는 것을 말한다.
	학습 도구 한국어 어휘 및 문법	보존, 개발하다, 반박하다, 반론, 통계, 추측, 무분별하다, 단계, 여부, 신뢰성

학습 도구 어휘 및 문법 확인하기

1. 다음 (　)에 알맞은 것을 고르세요.

(1) 그의 주장이 완벽해서 아무도 (　　　　)을/를 제기할 수 없었다.

① 단계　② 반론　③ 입장　④ 추측

(2) 오늘 회의 시간에 환경을 (　　　　) 위해 우리가 할 수 있는 일들에 대해 토의했다.

① 공유하기　② 보존하기　③ 수집하기　④ 전달하기

(3) 이 연극은 부모와 자녀가 진학에 대한 생각이 달라 (　　　　)을/를 겪는 내용을 다루고 있다.

① 갈등　② 반박　③ 위치　④ 토론

2. '-으십시오/십시오'를 사용하여 〈보기〉와 같이 문장을 완성하세요.

〈보기〉

이 종이에 이름을 쓰십시오. (쓰다)

(1) 쓰레기는 쓰레기통에 ________________. (넣다)

(2) 열차 내에서는 ________________. (조용히 해 주다)

3. 다음 밑줄 친 부분과 의미가 비슷한 것을 고르세요.

(1) 우리 회사에서는 모두 똑같은 조건에서 일을 한다.

① 구분한　② 동등한　③ 완벽한　④ 주장한

(2) 토론에서 상대방의 관점이 자신과 다르다고 비난해서는 안 된다.

① 근거　② 입장　③ 자료　④ 집단

학습 활동 확인하기

1. 토론에서 다음의 역할을 하는 사람이 누구인지 고르세요.

토론에서 토론 주제를 소개하거나 순서, 시간, 규칙 등을 안내하는 사람

☐ 토론자　　☐ 사회자　　☐ 청중

2. 토론의 자세로 맞으면 ○, 틀리면 ✕ 하세요.

(1) 반론은 공격적인 말투로 하는 것이 좋다. (　　)

(2) 사회자는 토론자에게 질문을 많이 할 필요가 있다. (　　)

(3) 사회자는 토론자의 발언을 요약하면서 토론을 진행해야 한다. (　　)

알면 쓸모 있는 어휘

- **공평하다** 한쪽으로 치우치지 않고 모든 사람에게 고르다.
- **공정하다** 한쪽으로 치우치지 않고 객관적이고 올바르다.
- **존중하다** 의견이나 사람을 높이어 귀하고 소중하게 생각하다.
- **비꼬다** 상대방의 기분이 나쁘게 비웃는 태도로 말하다.
- **공격하다** 다른 사람을 비난하거나 다른 의견에 반대하며 나서다.
- **말투** 말을 하는 버릇이나 형식.

토론의 원칙(4대 원칙)

1 추정의 원칙: 현 상황에 대해 분명히 반대할 만한 증거가 없을 때는 현재의 제도나 가치관이 올바르다고 보는 원칙. 따라서 토론에서는 현재의 상황에 대해 부정하는 측이 문제를 제기하고 그 타당성을 증명해야 한다.

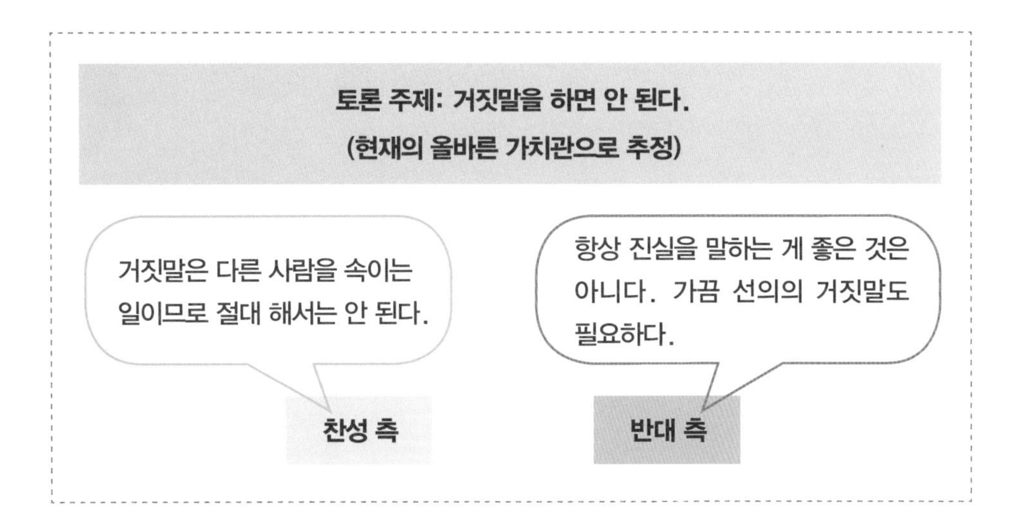

2 평등의 원칙: 말할 시간과 기회를 공평하게 가져야 한다는 원칙.

3 상호 존중의 원칙: 토론은 공식적인 장소에서 이루어지므로 예의를 지키고 상호 존중하는 태도를 가져야 한다는 원칙.

4 결과 승복의 원칙: 토론의 결과가 자신이 원하는 결과가 아니더라도 그것을 인정해야 한다는 원칙.

질문하기 / 학습 기능 확인하기

질문하기란?

어떤 내용에 대해서 모를 때 혹은 알고 있는 사실과 다를 때 그것에 대해 알기 위해서 묻는 것을 말한다. 또한 해당 내용에 대해서 다시 확인할 필요가 있을 때에도 질문한다.

'질문'은 '수렴형 질문'과 '개방형 질문'으로 나눌 수 있어요.
'수렴형 질문'은 상대방이 단답형으로 대답하게 하는 질문을 말해요. '개방형 질문'은 상대방에게 충분한 설명을 할 수 있게 하는 질문을 말해요.
일반적으로 토론에서는 '개방형 질문'보다 '수렴형 질문'을 많이 하는데 그 이유는 '개방형 질문'의 경우, 이야기의 주도권이 질문을 받은 쪽으로 넘어가게 되기 때문이에요.

학습 기능 익히기

▨ 다음을 읽고 하고 싶은 질문을 쓰세요.

'인터넷 실명제를 실시해야 하는가'라는 주제로 토론을 하고 있습니다. 아래 입론을 읽고 할 수 있는 질문을 써 보세요.

입론: 현재 일부 시행되고 있기는 하지만 인터넷 실명제가 지금보다 더욱 강화되어야 한다고 생각합니다. 왜냐하면 아직도 많은 사람들이 익명이라고 하면 아무렇지 않게 악플을 달고 상대방에게 상처를 주고 있기 때문입니다. 또한 처벌을 받지 않는 경우가 많아 이런 상황이 더 심각해지고 있습니다. 실제로 최근 많은 연예인들이 악플로 인해 상처를 받고 좋지 않은 결정이나 행동을 하여 사회 문제가 되고 있습니다. 따라서 인터넷 실명제를 전면적으로 실시하고 강력하게 처벌한다면 상대방을 비난하는 악플이 크게 줄어들 것입니다.

질문: ______________________________

____

학습 기능 더 익히기

▨ 다음을 읽고 질문해 보세요.

친구의 발표를 보고 질문을 하려고 한다.

10대 학생 SNS 이용 실태 설문 조사

초중고생 3,826명 대상 | 자료 출처: 엘리트 학생복

〈1일 SNS 접속 횟수〉

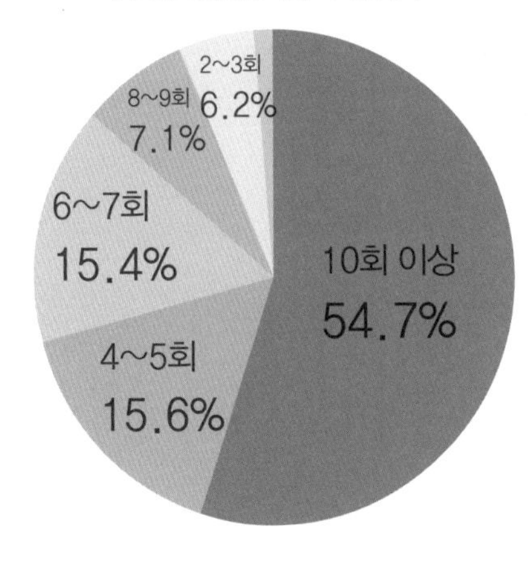

〈SNS를 사용하는 이유〉

1위 좋아하는 연예인의 일상, 생각 등을 알 수 있기 때문에 (57.8%)
2위 친구나 주변 지인과 원활히 소통할 수 있다. (29.3%)
3위 여러 가지 다양한 정보를 얻을 수 있다. (7.8%)

청소년들이 하루에 SNS를 사용하는 비율이 점점 높아지고 있습니다. 청소년들이 SNS에 대한 의존도가 높아지는 데는 몇 가지 이유가 있습니다. 지금 보는 것처럼 SNS 사용 빈도가 1일 10회 이상인 청소년의 비율이 54.7%로 가장 높게 나타났습니다. 그리고 SNS를 사용하는 이유로 '좋아하는 연예인의 일상, 생각 등을 알 수 있기 때문에'가 가장 많은 것을 알 수 있습니다.

질문: ______________________________

____

진위 확인하기 / 학습 기능 확인하기

진위 확인하기란?

어떤 내용이 참인지 거짓인지를 확인함으로써 의견이나 주장의 진실 여부를 밝히는 것을 말한다.

통계 자료의 신뢰성을 확인하는 방법은 다음과 같아요.
- 통계 자료나 설문 자료가 공신력 있는 기관의 자료인지 확인한다.
- 통계 자료나 설문 자료가 가장 최신의 자료인지 조사 시점을 확인한다.
- 통계나 설문 대상의 규모를 확인한다.

학습 기능 익히기

▨ 다음의 내용을 전달하는 방법으로 알맞은 것을 골라 연결하세요.

> 호민이는 '대한산에 케이블카를 설치해야 한다'는 입장에서 토론을 할 것이다. 토론 자료를 만들면서 자신의 주장을 뒷받침할 수 있는 근거 자료를 어떻게 표현하면 좋을지 고민이 되었다. 어떤 주장을 어떻게 표현해야 신뢰도를 높일 수 있을까?

(1) 대한산에서 발생한 안전사고의 횟수는? ● ● 방문객 설문 조사

(2) 대한산에 케이블카가 생긴다면 이용할 것인가? ● ● 안전사고 통계 자료

(3) 산의 지형상 케이블카 설치가 가능한가? ● ● 전문가와 인터뷰

학습 기능 더 익히기

▨ 다음을 읽고 내용의 진위를 확인해 보세요.

수업 시간에 선생님께서 날씨가 생활에 미치는 영향에 대해 질문하셨다. 선생님의 질문에 답을 하기 전에 답할 내용이 사실인지 진위를 확인할 것이다.

날씨는 우리의 생활과 밀접한 관련이 있어요. 날씨가 생활에 어떤 영향을 미칠까요?

① 안나: 뉴스를 보니 날씨가 더워지면 아이스크림과 같은 차가운 음식의 판매가 크게 는다고 해요.

자료 출처	뉴스, 5월 이른 더위에 아이스크림 판매량 증가 (2019년 5월 8일)
자료 내용	5월에 날씨가 더워지면서 아이스크림 판매량이 130% 이상 올랐다.

② 나:

자료 출처	
자료 내용	

12과 실험하기

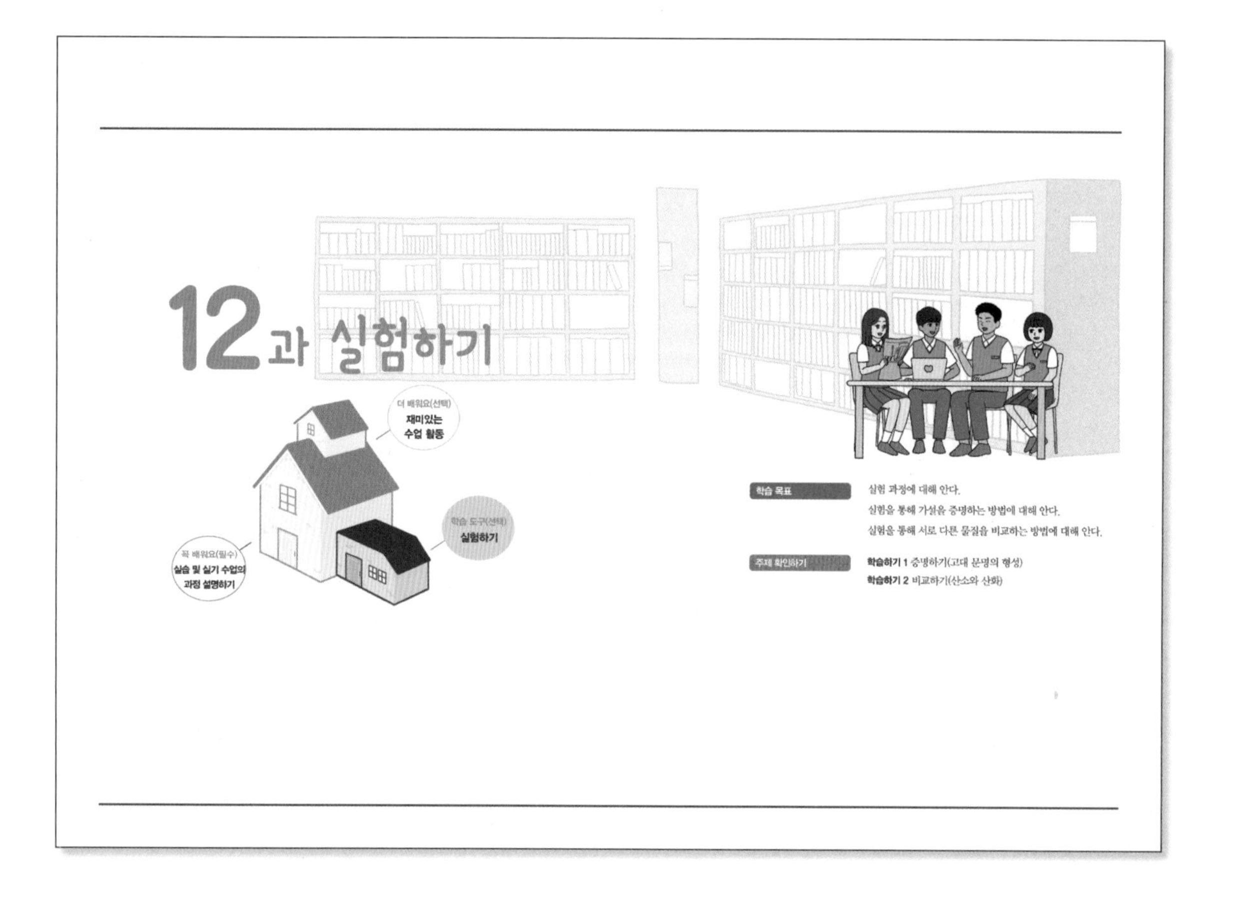

학습하기 1	학습 기능	실험하기에서 증명하기 기능을 배운다. 증명하기란 어떤 일에 대한 판단이나 주장, 가설이 진실인지 아닌지 근거를 들어 밝히는 것을 말한다.
	학습 도구 한국어 어휘 및 문법	실험하다, 증명하다, 가설, 문명, 발생지, 적합하다, 인용하다, 확보하다, 정기적, -으나

학습하기 2	학습 기능	실험하기에서 비교하기 기능을 배운다. 비교하기란 둘 이상의 대상을 함께 놓고 어떤 점이 같고 어떤 점이 다른지 살펴보는 것을 말한다.
	학습 도구 한국어 어휘 및 문법	활성화, 억제하다, 방지하다, 현상, 접촉, 절차, 유사점, 측정하다

학습 도구 어휘 및 문법 확인하기

1. 다음 (　　)에 알맞은 것을 고르세요.

(1) 우리 연구소에서 인삼의 효능을 과학적으로 (　　).

① 고려했다　② 인정했다　③ 증명했다　④ 차지했다

(2) 실험 도구를 다루는 것은 위험하기 때문에 실험 (　　)에 따라 진행해야 한다.

① 모순　② 절차　③ 증거　④ 표현

(3) 한국에는 여름밤에 최저 기온이 25℃를 넘는 열대야 (　　)이/가 자주 나타난다.

① 과정　② 달성　③ 위기　④ 현상

(4) 눈병에 걸렸을 때는 병을 옮길 수 있으므로 다른 사람과의 (　　)을/를 피해야 한다.

① 가치　② 목적　③ 접촉　④ 차이

2. '-으나/나'를 사용하여 〈보기〉와 같이 문장을 완성하세요.

〈보기〉

이 가게의 물건은 가격이 저렴하나 품질이 안 좋다. (저렴하다)

(1) 눈은 ____________ 많이 춥지는 않다. (내리다)

(2) 책은 다 ____________ 내용이 잘 기억나지 않는다. (읽다)

3. 다음 밑줄 친 부분과 의미가 비슷한 것을 고르세요.

이곳의 토지는 비옥하여 논농사를 짓기에 알맞다.

① 동등하다　② 적합하다　③ 중요하다　④ 확실하다

학습 활동 확인하기

1. 다음은 실험의 과정입니다. 순서에 맞게 쓰세요.

㉠ 실험 수행	㉡ 문제 인식	㉢ 결론 도출
㉣ 가설 설정	㉤ 실험 결과 분석	㉥ 실험 설계

㉡ → (   ) → ㉥ → (   ) → (   ) → (   )

2. 다음을 읽고 알맞은 것을 고르세요.

> 의문을 가진 문제에 대한 해답을 미리 만들어 보는 단계

① 가설 설정　② 결론 도출　③ 문제 인식　④ 실험 설계

알면 쓸모 있는 어휘

- **해답** 질문이나 문제를 풀이함. 또는 그런 것.
- **설계** 앞으로 할 일에 대하여 계획을 세움. 또는 그 계획.
- **도출** 어떤 일에 대한 생각, 결론, 판단 등을 이끌어 냄.
- **검증** 검사하여 사실임을 증명함.
- **중립적** 어느 한쪽에 치우치거나 편들지 않는 공평하고 올바른 태도를 취하는 것.
- **진술** 일이나 상황에 대해 의견을 자세히 이야기함. 또는 그러한 이야기.

학습 활동 더 알아보기

〈과학 실험 시 주의할 점〉

■ **실험하기 전**
- 실험하기 전에 실험 방법을 알아 둔다.
- 실험 기구의 사용 방법을 알아 둔다.
- 소화기의 위치와 사용 방법을 알아 둔다.

■ **실험하는 동안**
- 기체가 발생하는 실험을 할 때는 실내를 환기한다.
- 뜨거운 실험 기구를 만질 때는 내열 장갑을 끼거나 집게를 사용한다.
- 약품이나 가열 기구를 사용할 때는 보안경을 착용한다.

■ **실험이 끝난 뒤**
- 사용한 실험 기구를 깨끗이 씻는다.
- 사용한 실험 기구를 제자리에 갖다 놓고, 실험대를 정리한다.
- 사용한 약품은 선생님의 안내에 따라 정해진 곳에 버린다.

〈실험 결과를 바탕으로 결론을 도출하는 방법〉

■ **실험 결과에 근거하여 결론을 도출해야 한다.(추측하지 않는다.)**
■ **결론은 간단명료하게 진술해야 한다.**

증명하기 | 학습 기능 확인하기

증명하기란?

어떤 일에 대한 판단이나 주장, 가설이 진실인지 아닌지 근거를 들어 밝히는 것을 말한다. 증명하기의 과정을 통해 정보의 진실 여부를 확인해야 하는 경우가 있다.

증명하기 위해 필요한 자료는 직접 현장에 가서 관찰하거나 사람들을 면담하여 수집할 수 있어요. 문서, 시청각 자료 등과 같은 다양한 정보를 통해 사례를 수집하여 근거로 제시할 수도 있어요.

학습 기능 익히기

▨ 다음 통계 자료로 증명할 수 없는 사실을 고르세요.

〈희망 직업 선호도 조사(상위 10위)〉

대상: 중학생 1,000명

연도 \ 순위	1위	2위	3위	4위	5위	6위	7위	8위	9위	10위
2017년	교사	경찰관	의사	운동선수	요리사	군인	공무원	건축가	간호사	항공기 승무원
2018년	교사	경찰관	의사	운동선수	요리사	뷰티 디자이너	군인	공무원	연주가 작곡가	컴퓨터 공학자

① 2017년과 2018년의 선호도 1위 희망 직업이 동일하다.

② 2017년에는 순위에 없던 직업이 2018년에 새롭게 등장했다.

③ 중학생들은 음식을 좋아한다는 이유로 요리사를 가장 많이 선택했다.

④ 2018년에는 2017년에 비해 공무원이라는 직업에 대한 선호도가 낮아졌다.

▨ 다음을 읽고 사례를 찾아 아래의 내용을 증명하세요.

모둠 활동으로 '한옥'에 대해 조사하고 있다. 한옥에 대해 조사를 하면서 한옥의 모양이 지역마다 다른 것을 알게 되었다. 우리 모둠은 한옥의 모양이 다른 것은 기후와 상관이 있을 것이라고 가정하게 되었다. 이 가정이 맞는지 증명하기 위해 지역별로 사례를 조사해 보기로 했다.

각자 지역별로 한옥의 모양이 어떻게 다르게 나타나는지 찾아봤지? 우리가 가정한 내용이 맞는지 같이 확인해 보자.

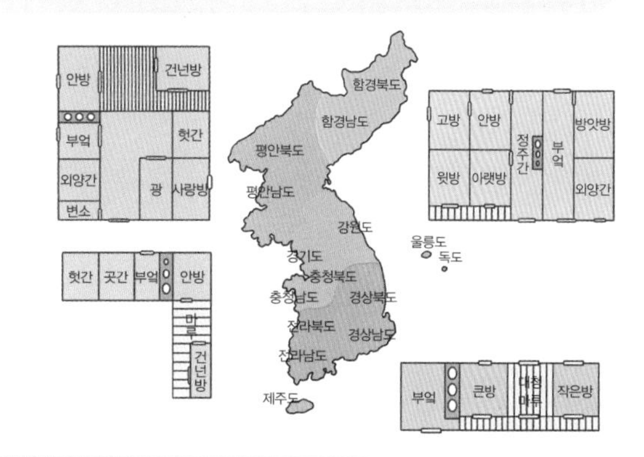

북쪽 지방은 사계절 중에서 겨울이 가장 길어서 집 안을 따뜻하게 유지하기 위해 네모 모양으로 지었대.

중부 지방은 겨울의 찬 바람은 막아 주고 여름의 시원한 바람은 들어오게 하기 위해서 ㄱ(기역) 모양으로 집을 만들었대.

남부 지방은 날씨가 비교적 따뜻해서 ______________________

____

증명

위의 세 가지 사례를 통해 ______________________

____

______________________ -(ㄴ/는)다는 가정이 증명되었다.

비교하기 / 학습 기능 확인하기

비교하기란?

둘 이상의 대상을 함께 놓고 어떤 점이 같고 어떤 점이 다른지 살펴보는 것을 말한다. 비교를 통해 어떤 점이 어떻게 다른지 더 확실하게 알 수 있다.

실험을 할 때에도 비교하기를 활용할 수 있어요. 이런 것을 비교 실험이라고 해요.
비교 실험을 할 때 정확한 결과를 얻기 위해서는 실험 집단과 비교 집단을 잘 구성해야 해요. 실험 집단은 어떤 하나의 조건을 적용하여 만든 집단, 비교 집단은 인위적으로 어떤 변화도 주지 않은 집단을 말해요. 두 집단의 차이를 비교하여 알고자 하는 것의 효과와 성능 등을 알 수 있어요.
예를 들면, 새로 개발한 약의 효능을 알아보기 위해 약을 먹은 집단과 먹지 않은 집단의 몸의 변화를 살펴봄으로써 이 약의 효과에 대해 알 수 있어요.

학습 기능 익히기

다음 실험은 무엇을 비교하기 위한 것인지 고르세요.

실험

마찰력의 크기를 비교하는 실험을 하려고 한다. 이 실험을 통해 둘 중 마찰력이 더 크게 작용하는 것은 무엇인지 확인할 것이다.

준비물: 무게가 같은 상자 3개, 힘 측정 도구(용수철 저울), 모양이 같은 나무판 2개

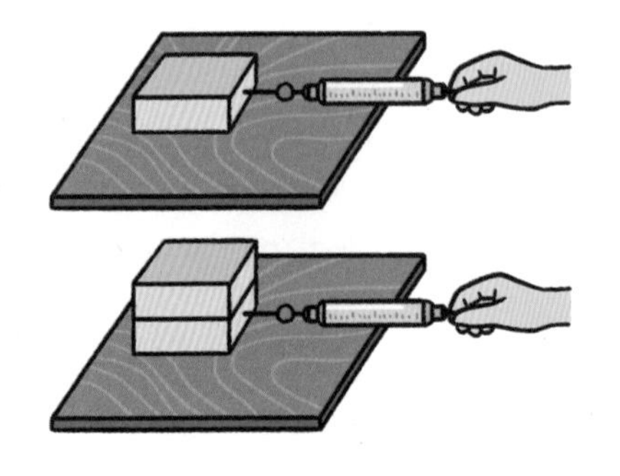

① 무게에 따른 마찰력 크기
② 기울기에 따른 마찰력 크기
③ 당기는 힘에 따른 마찰력 크기
④ 나무판 모양에 따른 마찰력 크기

학습 기능 더 익히기

다음을 읽고 두 대상의 특징을 비교해 보세요.

다음은 과학 시간에 배운 내용을 간단히 필기한 것이다. 필기한 내용을 표로 다시 정리해서 동물과 식물의 특징을 비교하려고 한다.

동물

스스로 움직일 수 있다.

다른 생물을 먹어서 영양분을 얻는다.

새끼나 알을 낳아 번식한다.

외부 자극에 반응이 빠르다.

동물은 척추동물과 무척추동물로 나눌 수 있다.

식물

스스로 움직일 수 없다.

광합성을 통해 스스로 영양분을 만든다.

씨나 포자를 만들어 번식한다.

외부 자극에 반응이 느리다.

식물은 꽃식물과 민꽃식물로 나눌 수 있다.

	동물	식물
움직임		
영양분		
번식		
외부 자극에 대한 반응		
분류		

13과 평가받기

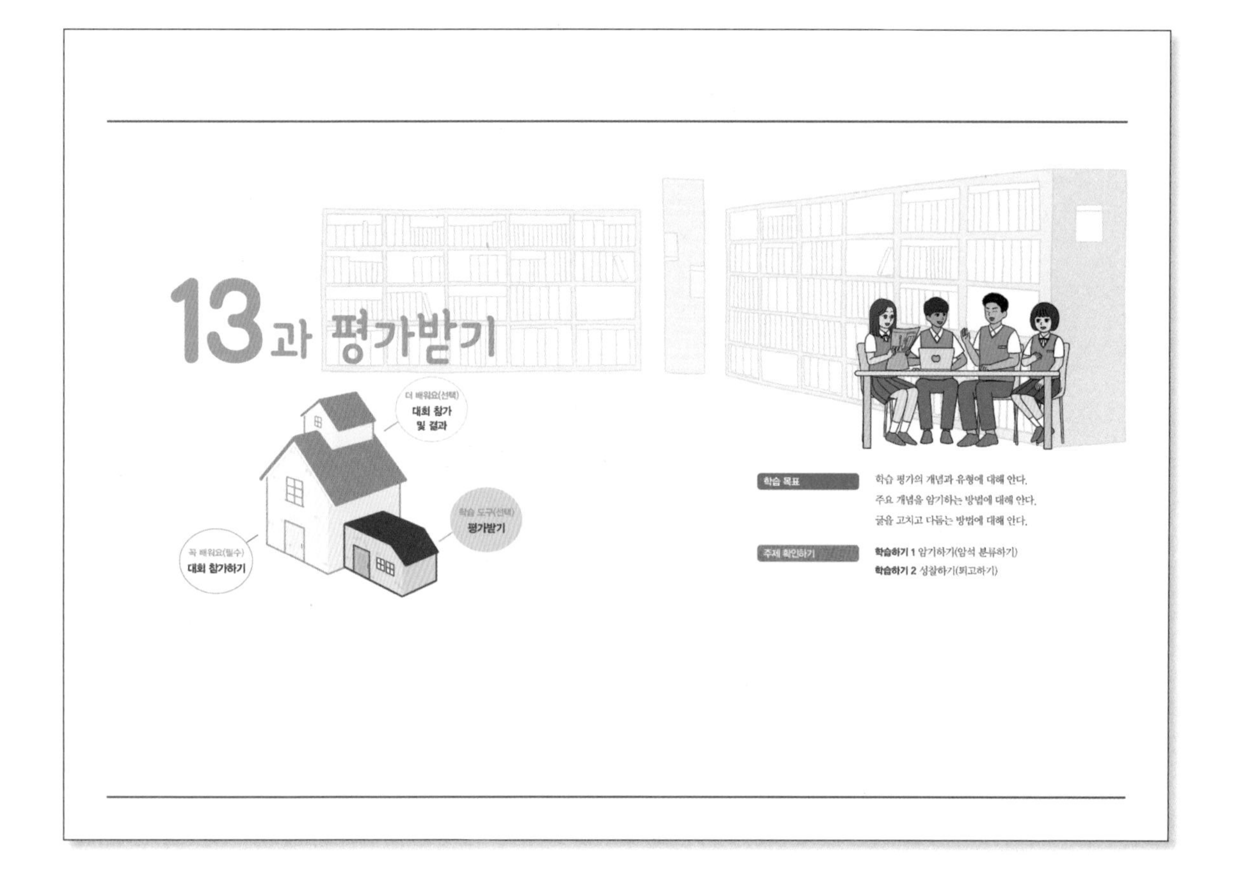

학습하기 1	학습 기능	평가받기에서 암기하기 기능을 배운다. 암기하기란 다시 떠올릴 것을 예상하고 의식적으로 잊지 않도록 외우는 것을 말한다.
	학습 도구 한국어 어휘 및 문법	의식적, 영역, 우수하다, 종류, 생성, 가능하다, 형식
학습하기 2	학습 기능	평가받기에서 성찰하기 기능을 배운다. 성찰하기란 자신이 경험하고 학습한 내용에 대해 반성적으로 되돌아보는 과정을 말한다. 성찰하기를 통해 잘못된 것을 고치고 발전해 나갈 수 있다.
	학습 도구 한국어 어휘 및 문법	경험하다, 수정하다, 지시하다, 드러나다, 적절하다, 통일성, 완결성

학습 도구 어휘 및 문법 확인하기

1. 다음 (　　)에 알맞은 것을 고르세요.

(1) 한국산 가전제품은 품질이 (　　) 전 세계에서 인기가 높다.

① 과다하여　② 평범하여　③ 부족하여　④ 우수하여

(2) 이 제품은 매장에서 구매가 (　　) 뿐만 아니라 인터넷으로도 살 수 있다.

① 가능할　② 간결한　③ 심각할　④ 완벽할

(3) 보고서를 작성할 때는 내용은 물론 정해진 (　　)을 지키는 것도 중요하다 .

① 대응　② 방안　③ 평균　④ 형식

(4) 이 영화는 가족 간의 사랑을 주제로 하고 있어서 가족들이 함께 보기에 아주 (　　).

① 독특하다　② 동등하다　③ 유사하다　④ 적절하다

2. 다음 밑줄 친 부분과 의미가 비슷한 것을 고르세요.

(1) 그 수필에는 작가의 생각이 잘 나타나 있다.

① 감춰져　② 강화돼　③ 드러나　④ 연관돼

(2) 체험 활동 일정이 바뀌는 바람에 계획서를 고칠 수밖에 없는 상황이다.

① 개발할　② 수정할　③ 조합할　④ 표시할

(3) 할아버지는 젊은 시절에 직접 겪은 여러 가지 일을 손자에게 들려주었다.

① 경험한　② 살펴본　③ 인용한　④ 확대한

학습 활동 확인하기

1. 알맞은 것끼리 연결하세요.

(1) 학습이 시작되기 전 얼마나 알고 있는지 확인하는 평가 •	• 총괄 평가
(2) 학습 중에 주기적으로 관찰하고 확인하는 평가 •	• 형성 평가
(3) 학습이 끝난 후 확인하는 종합 평가 •	• 진단 평가

2. 다음을 읽고 알맞은 것을 고르세요.

> 계획서 작성 단계에서부터 결과물 완성 단계까지 전 과정을 평가

① 서답형 평가　　② 프로젝트 평가

③ 실험 및 실습 평가　　④ 포트폴리오 평가

알면 쓸모 있는 어휘

- **도달하다** 목적한 곳이나 일정한 수준에 이르다.
- **성장하다** 사람이 꾸준히 노력을 하거나 경험을 쌓아 발전된 모습으로 자라다.
- **진단** 어떤 대상이나 현상에 대해 상태를 판단함.
- **실시하다** 어떤 일이나 법, 제도 등을 실제로 행하다.
- **문항** 문제의 각각의 부분.
- **조작** 기계나 장치 같은 것을 일정한 방식에 따라 다루어 움직이게 함.

학습 활동 더 알아보기

〈평가자에 따른 평가의 종류〉

학교에서는 다양한 사람들이 평가를 한다. 평가하는 사람들에 따라 '교사 관찰 평가, 동료 평가, 자기 평가'로 나눌 수 있다.

- **교사 관찰 평가:** 교사가 학생을 관찰하여 학습자의 교과 지식에 대한 능력, 자기 관리 능력, 공동체 능력 등을 평가한다.
- **동료 평가:** 다른 모둠의 학습 활동과 발표를 경청하고 주어진 평가 내용(주제 선정, 역할 분담, 역할 수행, 발표 준비)에 따라 모둠 활동의 전반에 대해 평가할 수 있다.
- **자기 평가:** 수업 활동에 대한 자신의 태도와 자신이 얻게 된 것 등에 대해 평가할 수 있다.

〈자기 평가의 예〉

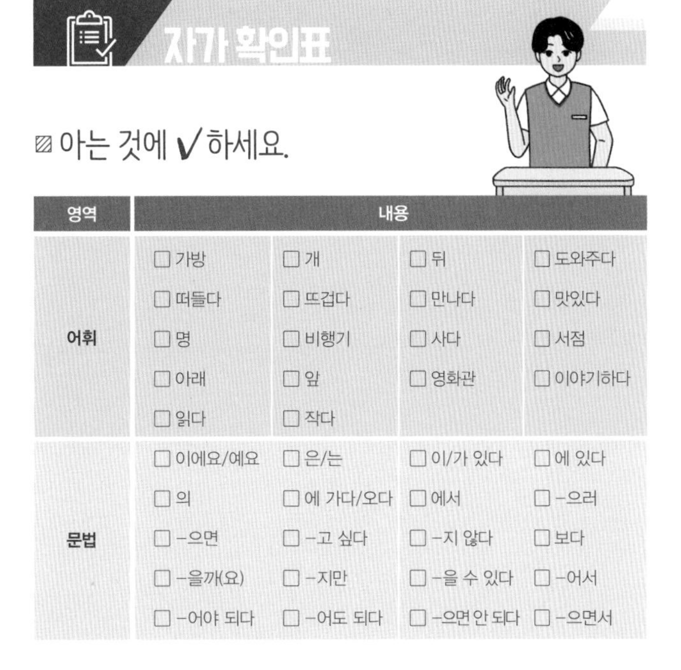

자기 확인표

▨ 아는 것에 ✓ 하세요.

영역	내용			
어휘	□ 가방	□ 개	□ 뒤	□ 도와주다
	□ 떠들다	□ 뜨겁다	□ 만나다	□ 맛있다
	□ 명	□ 비행기	□ 사다	□ 서점
	□ 아래	□ 앞	□ 영화관	□ 이야기하다
	□ 읽다	□ 작다		
문법	□ 이에요/예요	□ 은/는	□ 이/가 있다	□ 에 있다
	□ 의	□ 에 가다/오다	□ 에서	□ -으러
	□ -으면	□ -고 싶다	□ -지 않다	□ 보다
	□ -을까(요)	□ -지만	□ -을 수 있다	□ -어서
	□ -어야 되다	□ -어도 되다	□ -으면 안 되다	□ -으면서

암기하기 / 학습 기능 확인하기

암기하기란?

다시 떠올릴 것을 예상하고 의식적으로 잊지 않도록 외우는 것을 말한다. 암기하는 방식은 사람에 따라, 암기할 내용에 따라 다를 수 있다. 암기가 잘되는 자신만의 방법을 찾아 활용하는 것이 중요하다.

기억은 유지되는 기간에 따라 '단기 기억'과 '장기 기억'으로 구분할 수 있어요. '단기 기억'은 새로운 정보를 잠시 동안 기억하는 것을 말해요. 단기 기억은 정보의 양이 제한적이고, 지속 시간이 일시적이에요.
'장기 기억'은 경험한 것을 수개월에서 길게는 평생 동안 기억하는 것을 말해요. 흔히 우리가 가지고 있는 과거 경험에 대한 기억이나 공부를 해서 얻은 다양한 지식들이 장기 기억에 해당해요. 암기를 할 때는 단기 기억에 있는 정보들을 반복 학습하여 장기 기억으로 옮기는 것이 중요해요.

학습 기능 익히기

▨ 다음에서 사용한 암기 방법으로 알맞은 것을 고르세요.

〈계절별 별자리〉

봄: 처녀자리, 목동자리, 사자자리
→ 처녀와 목동이 사자에게 쫓긴다.

여름: 독수리자리, 백조자리, 거문고자리
→ 거문고 소리에 독수리와 백조가 춤을 춘다.

① 노래로 외우기

② 그림으로 외우기

③ 이야기로 외우기

④ 이름의 앞 글자만 떼서 외우기

학습 기능 더 익히기

▨ 다음 표를 보고 암기 방법을 한 가지 선택하여 암기해 보세요.

과학 문제를 풀기 위해서 다음의 내용을 외워야 한다. '노래로 외우기'와 '이야기로 외우기' 중 하나의 방법을 사용하여 다음 내용을 암기해 보자.

구분	산개 성단	구상 성단
모습		
모양	불규칙한 모양	공 모양
색깔	파란색	붉은색
온도	고온	저온
나이	적다	많다

암기 방법	

성찰하기 / 학습 기능 확인하기

성찰하기란?

자신이 경험하고 학습한 내용에 대해 반성적으로 되돌아보는 과정을 말한다. 과제에서 좋은 평가를 받기 위해서는 과제 수행의 마지막 단계에서 성찰하기가 요구된다. 과제의 결과물이 과제의 목적에 맞는 것인지 확인하고 과제를 수행하는 과정에서 실수하거나 잘못한 것은 없는지 확인한다.

학습자 스스로 자신의 학습 과정을 반성, 분석, 비판하며 쓰는 글을 성찰 일기라고 해요. 성찰 일기를 꼼꼼하게 쓰면 자신의 학습과 관련된 문제점을 발견할 수 있을 뿐만 아니라 나아가 이를 해결하기 위한 방안을 찾을 수 있다는 장점이 있어요.

학습 기능 익히기

다음 밑줄 친 부분에 해당하는 단계로 알맞은 것을 고르세요.

> 안나: 영수야, 수행 평가로 제출해야 하는 보고서는 다 썼어?
> 영수: 초고는 완성했어. <u>그런데 어색한 표현은 없는지, 주제, 목적, 목차에 맞게 썼는지 다시 살펴서 수정하고 있어.</u>
> 안나: 그렇구나. 나는 아직 쓸 내용에 대한 정보를 수집 중이야.

① 계획하기

② 표현하기

③ 고쳐 쓰기

④ 정보 수집하기

다음을 보고 성찰해 보세요.

봉사 활동 결과 보고서의 내용 중 부족한 부분과 필요 없는 부분을 중심으로 성찰하려고 한다.

여러분은 어디에서 봉사 활동을 했어요? 봉사 활동 결과 보고서에 봉사 활동 목적과 활동 내용을 자세히 써 보세요.

봉사 활동 결과 보고서

김영수(1203456789)

날짜	20**년 6월 8일(토) 10:00~12:00
목적	봉사 활동
교통편	301번 버스 승차, 대한우체국 하차 후 도보로 10분 이동
활동 내용	1층 청소(10:00~11:00) 2층 책 정리(11:00~12:00)

➡ 부족한 내용: ______________________

____

➡ 필요 없는 내용: ______________________

____

14과 예습하기

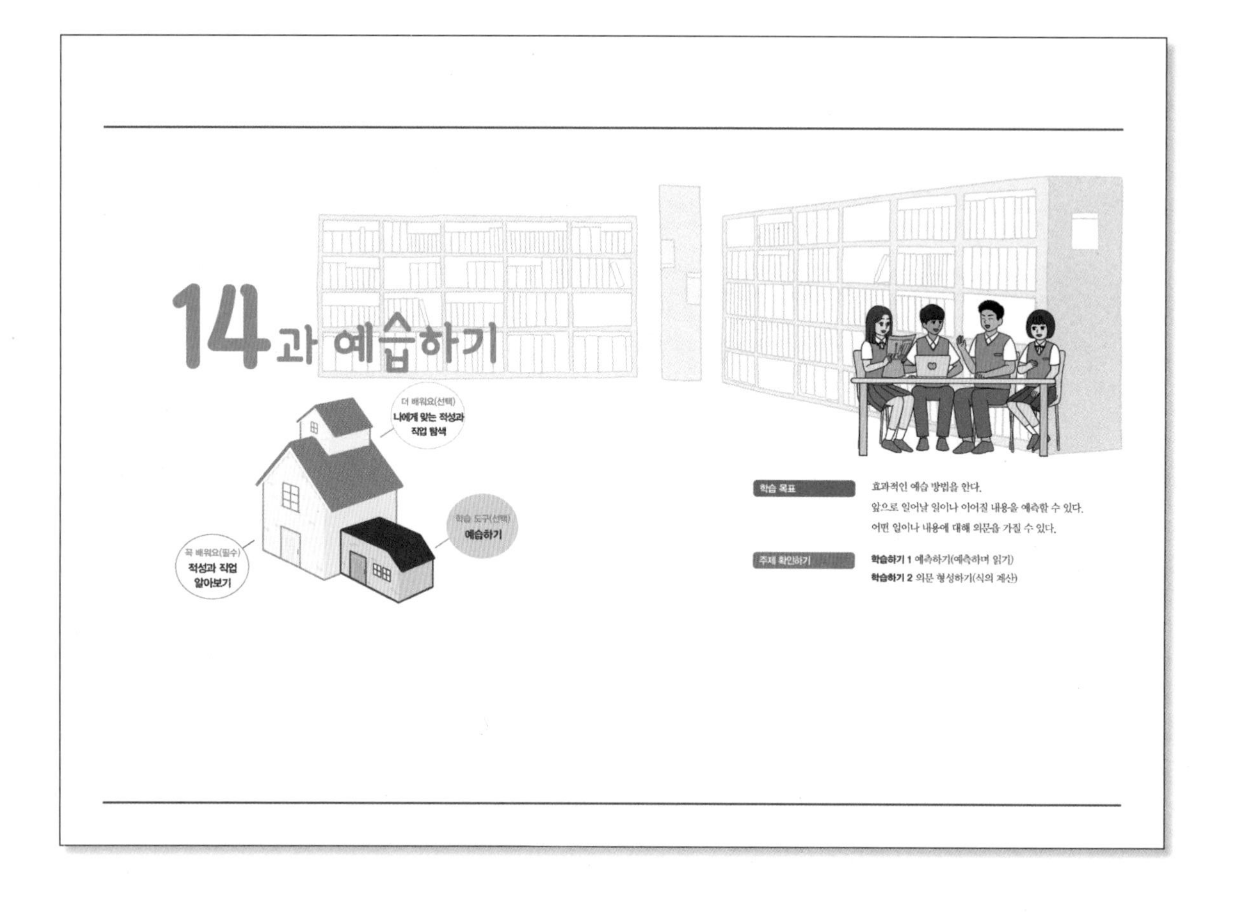

학습하기 1	학습 기능	예습하기에서 예측하기 기능을 배운다. 예측하기란 지금까지의 상황을 잘 살펴서 이후에 일어날 일이나 이어질 내용을 예상하는 것을 말한다.
	학습 도구 한국어 어휘 및 문법	예측하다, 특이하다, 심각성, 영향력, 암시하다, 발견하다
학습하기 2	학습 기능	예습하기에서 의문 형성하기 기능을 배운다. 의문 형성하기란 질문을 통해 문제와 의미를 명료화하는 것을 말한다.
	학습 도구 한국어 어휘 및 문법	의문, 형성하다, 명료화하다, 동일하다, 요구하다

학습 도구 어휘 및 문법 확인하기

1. 다음 (　　)에 알맞은 것을 고르세요.

(1) 인터넷으로 산 책이 찢어진 채로 와서 환불을 (　　).

① 삭제했다　② 요구했다　③ 주문했다　④ 취소했다

(2) 수첩을 잃어버린 줄 알았는데 사물함을 정리하다가 (　　).

① 발견했다　② 분류했다　③ 수집했다　④ 필기했다

(3) 처음 만난 사람과 좋은 관계를 (　　) 위해서는 다양한 노력이 필요하다.

① 관찰하기　② 극복하기　③ 알아보기　④ 형성하기

2. 다음 밑줄 친 부분과 의미가 비슷한 것을 고르세요.

(1) 내 발표 주제는 영수와 똑같지만 내용은 많이 다르다.

① 공존하지만　② 독특하지만　③ 동일하지만　④ 만족하지만

(2) 기상청에서는 이번 겨울이 작년에 비해 더 추울 것이라고 예측했다.

① 동의했다　② 발견했다　③ 연구했다　④ 예상했다

3. 다음 밑줄 친 부분과 의미가 반대인 것을 고르세요.

(1) 그 배우의 이름은 너무 평범해서 기억하기가 쉽지 않다.

① 단순해서　② 비슷해서　③ 이상해서　④ 특이해서

(2) 많은 사람들은 일을 실행하기 전에 그렇게 될 수 있다는 확신을 가지고 행동한다.

① 소원　② 영역　③ 의문　④ 투자

학습 활동 확인하기

1. 예습하기에 대한 설명으로 알맞지 <u>않은</u> 것을 고르세요.

① 예습은 수업을 듣기 전에 한다.

② 수업 내용을 미리 파악할 수 있다.

③ 예습을 하면 수업 시간에 더 집중을 할 수 있다.

④ 다음 시간에 배울 내용을 빠짐없이 모두 예습해야 한다.

2. 효과적인 예습 방법에 대해 맞으면 ○, 틀리면 × 하세요.

(1) 본문 내용 전체를 꼼꼼히 읽어 본다. ( )

(2) 수업 시간에 질문할 내용을 미리 생각해 본다. ( )

(3) 대단원과 소단원의 제목을 보고 새로 배울 내용을 예측해 본다. ( )

알면 쓸모 있는 어휘

- **필요성** 꼭 있어야 하는 성질.
- **목차** 글이나 책 등에서 여러 제목이나 항목을 순서대로 늘어놓은 목록.
- **본문** 문서나 긴 글에서 중심이 되는 글.
- **강조되다** 어떤 것이 특히 뚜렷하게 드러나거나 강하게 주장되다.

〈과목별 예습 방법〉

■ **국어**

- 제목을 읽어 본다. 제목을 읽는 것만으로 앞으로 무엇을 배울지 예측해 볼 수 있다.
- 주말, 방학을 활용해 본문에 나온 문학 작품을 미리 읽어 본다. 시간이 부족한 경우 작품의 줄거리, 주요 인물, 소재 혹은 작가에 대한 정보 등을 미리 확인하는 것도 좋다.

■ **영어**

- 본문을 큰 소리로 읽어 본다.
- 본문을 읽을 때는 내용을 모두 해석하지 않아도 된다. 모르는 단어나 이해가 안 되는 문장에는 표시를 하고 내용의 전체적인 흐름만 파악한다.
- 우리와 다른 외국 문화를 찾아본다. 문화를 이해하는 것은 외국어를 공부하는 데 도움이 된다.

■ **수학**

- 학습 목표를 확인하고 개념 및 원리가 왜 만들어졌는지 생각해 본다.
- 예제를 미리 풀어 본다. 예제를 풀어 보면 개념을 이해하는 데 도움이 된다.

■ **사회**

- 목차를 통해 전체적인 흐름을 파악한다. 특히 역사와 관련된 내용을 공부할 때 도움이 된다.
- 그림, 도표, 지도 등을 보며 본문의 내용을 예상해 본다.
- 교과서에 등장하는 유적지나 박물관을 다녀오는 것도 좋은 방법이 된다.

■ **과학**

- 원리나 이론, 실험 과정에 관한 그림과 사진 자료가 있는 경우 자세히 살펴본다.
- 처음 보는 용어를 정리해 둔다.
- 과학 원리나 이론 등을 일상생활에 어떻게 적용할 수 있는지 생각해 본다.

예측하기 / 학습 기능 확인하기

예측하기란?

지금까지의 상황을 잘 살펴서 이후에 일어날 일이나 이어질 내용을 예상하는 것을 말한다. 예측하기를 통해 앞으로 배우거나 읽을 책의 내용을 예상할 수 있다. 앞으로 무엇을 공부하게 될지 미리 생각하는 것은 학습에 대해 능동적인 자세를 갖게 하고 동기를 유발하는 데에도 효과적이다.

내용을 예측하면서 책을 읽으면 내용에 대한 흥미를 높여 주고 독해의 효율을 높이는 데에도 도움이 돼요. 독자는 자신의 배경지식과 함께 글쓴이가 만들어 둔 각종 장치를 활용하여 책의 내용을 예측할 수 있어요. 이때 주의해야 할 점은 반드시 글을 읽어 가면서 예측하는 것이에요.

학습 기능 익히기

다음을 읽고 책의 무엇을 활용하여 예측하였는지 고르세요.

1. 알을 낳지 않겠어!
2. 닭장을 나오다
3. 마당 식구들
4. 친구
5. 이별과 만남
6. 마당을 나오다
7. 떠돌이와 사냥꾼
8. 엄마, 나는 꽥꽥거릴 수밖에 없어
9. 저수지의 나그네들
10. 사냥꾼을 사냥하다
11. 아카시아꽃처럼 눈이 내릴 때

이 책은 《마당을 나온 암탉》이라는 제목의 책이다. 이 책을 구성하고 있는 각 장을 확인하였다. 나는 각 장을 보고 암탉이 자신이 원하는 삶을 살기 위해서 안전하고 편안한 닭장을 벗어나 야생 속에서 위험을 헤쳐 가는 내용일 것이라고 예측했다.

① 책의 제목을 활용한다. ② 책의 표지를 활용한다.

③ 책의 차례를 활용한다. ④ 글쓴이의 정보를 활용한다.

다음을 읽고 시험에 무슨 문제가 나올지 예측해 보세요.

과학 시간에 우주 식품에 대한 글을 읽었다. 선생님께서 이 부분에서 시험 문제가 나올 거라고 하셨다. 어떤 문제가 나올지 예측해 보려고 한다.

우주선이나 우주 정거장 등 우주 공간에서 우주인들이 먹는 음식을 우주 식품이라고 한다. 지상과 다른 우주 공간에서 먹는 음식은 맛은 물론 조리 방법이 지상의 음식과 다르다. 그리고 지구에서 우주 공간으로 음식을 운반해야 하므로 부피가 지상의 음식보다 작아야 한다. 이런 조건을 고려하여 만든 것이 동결 건조 식품이다. 동결 건조란 음식물을 얼려 음식물 속의 물을 얼음으로 만든 다음, 얼음을 바로 수증기로 승화시켜 음식물 속의 수분을 제거하는 것을 말한다. 이렇게 동결 건조해 만든 식품은 부피와 무게가 작아 우주 공간까지 쉽게 운반할 수 있다는 장점이 있다. 한국의 음식 중 우주 식품으로 개발된 것에는 밥, 김치, 고추장, 라면 등이 있다.

의문 형성하기 / 학습 기능 확인하기

의문 형성하기란?

질문을 통해 문제와 의미를 명료화하는 것을 말한다. 의문은 관찰한 현상을 현재의 지식으로는 설명할 수 없다고 인식했을 때 생기는 궁금증을 말한다.

예습을 할 때도 의문 형성하기를 활용할 수 있어요. 배우기 전에 스스로 의문을 형성함으로써 학습 효과를 높일 수 있어요. 그리고 의문이 드는 부분을 수업 시간에 질문하다 보면 수업에 적극적으로 참여하게 돼요.

학습 기능 익히기

▨ 다음 내용과 의문 형성하기 단계가 알맞게 연결된 것을 고르세요.

> 와니는 다음 주에 문화 센터에서 도넛 만드는 수업을 듣는다. 그래서 수업을 듣기 전에 미리 도넛을 만들어 보려고 한다.
>
> (가) 선생님이 주신 자료를 보면서 재료를 준비하던 중 준비할 밀가루 양이 너무 많은 것 같다는 생각이 들었다.
>
> (나) 와니는 전에 인터넷에서 찾아 메모해 놓았던 도넛 만들기 방법을 확인해 보았다.
>
> (다) 메모와 비교해 보니 와니의 생각대로 준비해야 할 밀가루 양이 너무 많았다.
>
> (라) 와니는 왜 그런지 이해가 되지 않아 선생님께 직접 여쭤볼 것이다.

① (가) – 의문 형성하기

② (나) – 경험에 비추어 보기

③ (다) – 현상 관찰하기

④ (라) – 경험 분석하기

학습 기능 더 익히기

다음 실험 결과를 보고 의문을 형성해 보세요.

물이 얼기 전과 언 후의 무게 및 부피가 어떻게 달라지는지 실험을 했다. 그런데 실험 결과 중 의문이 드는 부분이 있다. 의문을 가지게 된 내용을 정리해 수업 시간에 선생님에게 질문하려고 한다.

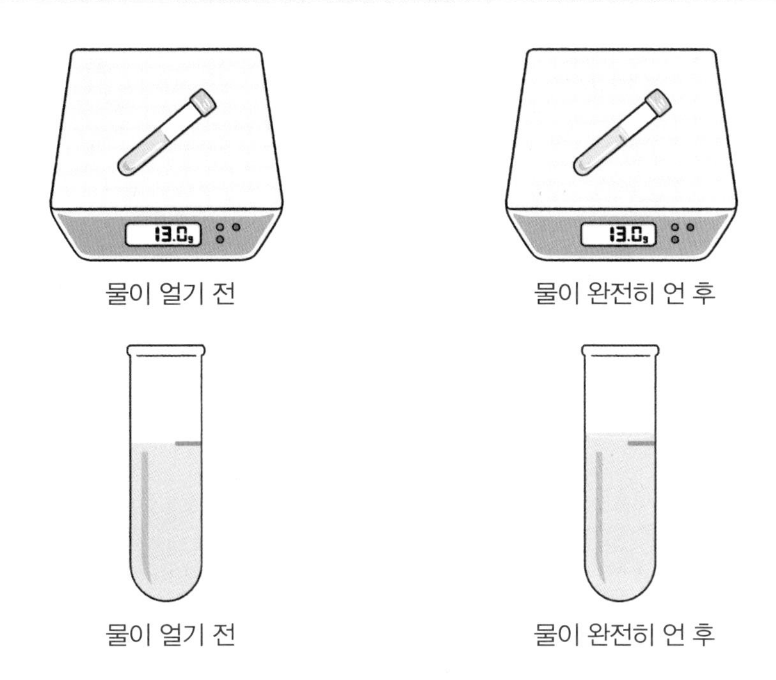

물이 얼기 전과 물이 언 후에 무게 및 부피가 어떻게 달라지는지 실험을 한 결과, 무게는 변하지 않았다. 그런데 물이 얼었을 때 부피는 얼기 전보다 늘어났다.

의문 ① ______________________

____

의문 ② ______________________

____

선생님께 직접 여쭤봐야겠어.

15과 체험하기

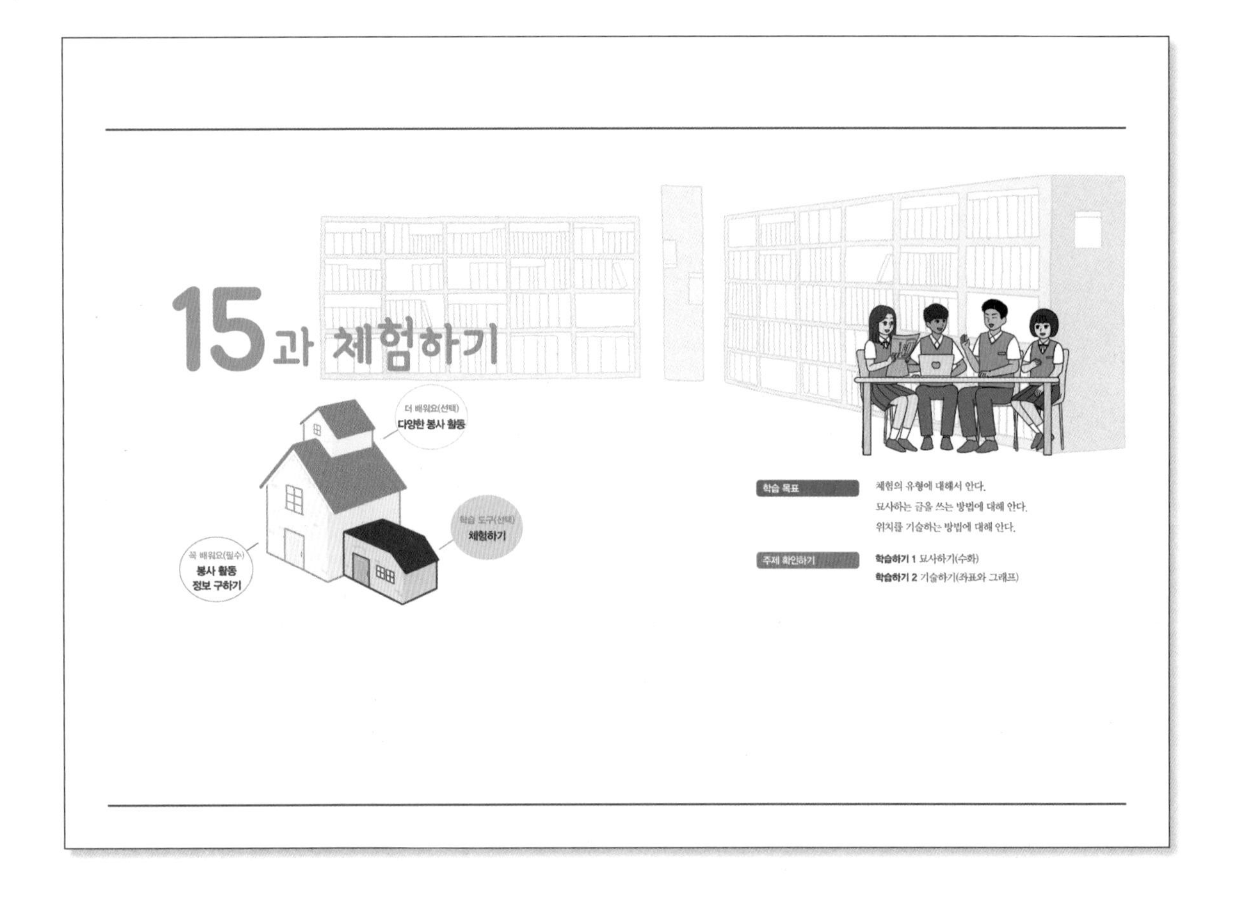

학습하기 1	학습 기능	체험하기에서 묘사하기 기능을 배운다. 묘사하기란 대상의 모양이나 모습을 본 그대로 그림을 그리듯이 표현하는 것을 말한다.
	학습 도구 한국어 어휘 및 문법	의사소통, 해석되다, 우려, 최대한, 일정하다
학습하기 2	학습 기능	체험하기에서 기술하기 기능을 배운다. 기술하기란 대상이나 과정의 내용과 특징을 조직적으로 밝혀 기록하는 것을 말한다.
	학습 도구 한국어 어휘 및 문법	기술하다, 조직적, 고정되다, 기준점, 객관적, 분야, 명시되다

학습 도구 어휘 및 문법 확인하기

1. 다음 ( )에 알맞은 것을 고르세요.

(1) 화재가 나면 몸을 숙이고 ( ) 빨리 화재 현장을 벗어나야 한다.

① 가득히 ② 골고루 ③ 마음껏 ④ 최대한

(2) 어젯밤에 발생한 지진으로 인해 벽에 ( ) 있던 액자가 떨어졌다.

① 고정되어 ② 발견되어 ③ 억제되어 ④ 조합되어

(3) 냉장고는 온도가 ( ) 유지되기 때문에 음식을 보관하기에 적합하다.

① 동등하게 ② 유익하게 ③ 일정하게 ④ 특이하게

(4) 농구는 다섯 명이 하는 운동이지만 한 사람이 움직이는 것처럼 ( )으로 움직여야 한다.

① 논리적 ② 일반적 ③ 조직적 ④ 필연적

2. 다음 밑줄 친 부분과 의미가 비슷한 것을 고르세요.

(1) 이 문장은 두 가지 뜻으로 <u>이해될</u> 수 있어 수정해야 한다.

① 반박될 ② 암기될 ③ 지시될 ④ 해석될

(2) 부모는 자식들이 어디 아픈 데는 없는지 항상 자식의 건강을 <u>걱정한다</u>.

① 반영한다 ② 분류한다 ③ 억제한다 ④ 우려한다

3. 다음 밑줄 친 부분과 의미가 반대인 것을 고르세요.

> 기사를 작성할 때 개인의 <u>주관적인</u> 생각이 들어가지 않도록 주의해야 한다.

① 객관적인 ② 긍정적인 ③ 부분적인 ④ 특징적인

학습 활동 확인하기

1. 학교 체험 활동에 대한 설명으로 맞으면 ○, 틀리면 × 하세요.

(1) 수련 활동은 강의를 듣는 단체 활동이다. (　　　)

(2) 1일형 현장 체험 활동에는 관람, 견학 등이 있다. (　　　)

(3) 수학여행을 통해 다양한 사회, 자연, 문화 등을 직접 체험한다. (　　　)

2. 다음은 봉사 활동 신청 절차입니다. 순서에 맞게 쓰세요.

㉠ 봉사 활동 계획서 제출하기	㉡ 봉사 활동 신청 확인하기
㉢ 봉사 활동 신청하기	㉣ 봉사 활동 실행
㉤ 봉사 활동 확인서 발급	

㉢ → (　　　) → (　　　) → (　　　) → (　　　)

알면 쓸모 있는 어휘

- **공동체** 같은 이념 또는 목적을 가지고 있는 집단.
- **대가** 어떤 일에 들인 노력에 대해 받는 돈이나 물건.
- **실행** 실제로 행함.
- **실천** 이론이나 계획, 생각한 것을 실제 행동으로 옮김.
- **폭넓다** 어떤 것의 범위나 영역이 넓다.
- **처리** 일이나 사무, 사건을 절차에 따라 정리해 마무리함.

〈체험학습 방법〉

■ **체험학습을 하기 전**

- 체험학습을 할 장소를 정한 후 홈페이지 또는 전화를 통해서 체험학습 신청을 한다.
- 체험학습 장소의 홈페이지를 통해 체험학습 관련 정보를 미리 알아보면 체험 내용을 이해하는 데 도움이 된다.
- 인터넷이나 책을 통해 관련 정보를 추가로 조사하며 궁금한 점을 미리 정리해 둔다.

■ **체험학습을 할 때**

- 체험을 하면서 알게 된 중요한 내용들을 글로 쓰거나 그림을 그려 기록한다.
- 촬영이 가능한 장소에서는 영상이나 사진을 찍어 기록을 남길 수도 있다.
- 체험학습 장소 관계자와의 면담을 통해 체험학습을 하며 생긴 궁금증을 해결할 수 있다.

■ **체험학습을 한 후**

- 보고 느낀 점, 알게 된 점, 더욱 탐구하고 싶은 내용에 대하여 보고서를 작성한다.
- 보고서를 작성할 때는 체험학습을 하며 기록해 둔 자료를 적극 활용한다.

묘사하기 학습 기능 확인하기

묘사하기란?

대상의 모양이나 모습을 본 그대로 그림을 그리듯이 표현하는 것을 말한다. 묘사를 통해 상대방에게 대상을 아주 쉽게 이해시킬 수 있다.

묘사와 설명은 대상을 사실적으로 서술하여 듣는 사람이 쉽게 이해할 수 있는 방법이에요. '설명'은 대상의 개념이나 구조, 어려운 내용 등을 자세하게 서술할 때 주로 사용해요. '묘사'는 생김새, 색깔, 소리 등 감각으로 느낄 수 있는 것을 서술할 때 주로 사용해요.

학습 기능 익히기

다음 글에서 사용된 묘사하기 방법으로 알맞은 것을 고르세요.

큰 나무 주위에 모여 앉아 이야기를 듣고 있는 아이들의 모습은 마치 아기 토끼들이 엄마 품에 옹기종기 모여 있는 것 같았다.

① 시간 순서에 따라 묘사하기

② 잘 알려진 사물에 비유하기

③ 왼쪽에서 오른쪽으로 묘사하기

④ 중요한 내용을 중심으로 표현하기

▨ 다음 그림을 보고 해수욕장의 모습을 묘사해 보세요.

수업 시간에 내가 가 본 최고의 여행지에 대해 발표를 하기로 했다. 해수욕장 사진을 자세히 묘사해 발표문에 쓰려고 한다.

저는 작년에 친구들과 부산에 있는 해수욕장에 갔습니다. 그곳은

기술하기 / 학습 기능 확인하기

기술하기란?

대상이나 과정의 내용과 특징을 조직적으로 밝혀 기록하는 것을 말한다. 어떤 사실이나 과정의 내용과 특징을 조직적으로 기록하면 그것이 보다 객관적이고 타당하게 보이는 효과가 있다.

어떤 대상에 대해 기술할 때는 정의나 특징에 대해 쓸 수도 있고, 분류하여 쓸 수도 있어요.

예) 곤충에 대해 기술하세요.

- 정의 – 곤충이란 몸이 머리, 가슴, 배로 나뉘고 다리가 6개인 동물을 말한다.
- 특징 – 곤충은 성장하면서 탈바꿈을 한다는 특징이 있다.
- 분류 – 곤충은 날개의 유무에 따라 유시아강과 무시아강으로 나눌 수 있다.

학습 기능 익히기

▨ 다음 지도를 설명한 (가)와 (나) 중 기술하기 방식으로 쓴 것을 고르세요.

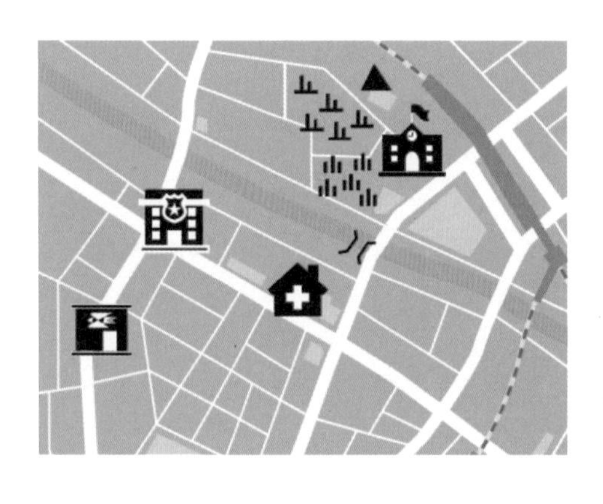

(   )

(가) 앞으로 조금 가면 우체국이 나온다. 우체국을 지나 200m쯤 가면 사거리가 나오는데 사거리에서 오른쪽으로 600m쯤 가면 병원이 나온다. 병원을 지나 사거리가 나오면 왼쪽으로 돌아 직진한다. 다리를 건너 앞으로 계속 쭉 가면 논, 밭, 옆에 학교가 보인다.

(나) 작은 시골 마을이 눈에 들어온다. 온통 푸른 색이다. 길을 따라 가다 보면 우체국도 있고, 경찰서도 있고, 병원도 있다. 동생의 다리처럼 짧은 다리를 건너면 저 멀리 학교가 나를 기다린 듯 환하게 반긴다.

학습 기능 더 익히기

▨ 다음 그림을 보고 내용을 기술해 보세요.

'녹색 댐'에 대해 보고서를 작성하고 있다. 그림을 보고 녹색 댐의 효과에 대해 기술하려고 한다.

1. 녹색 댐의 의미

삼림은 빗물을 머금었다가 서서히 흘려보내 홍수와 가뭄을 방지하는 역할을 하는데 이것이 마치 댐의 기능과 같다고 하여 녹색 댐이라고 부른다.

2. 녹색 댐의 다양한 효과

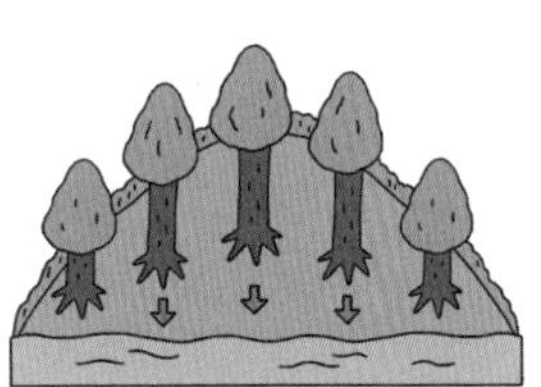

[그림 1] 녹색 댐의 다양한 효과

녹색 댐은 다양한 효과가 있다.

16과 학습 반응하기

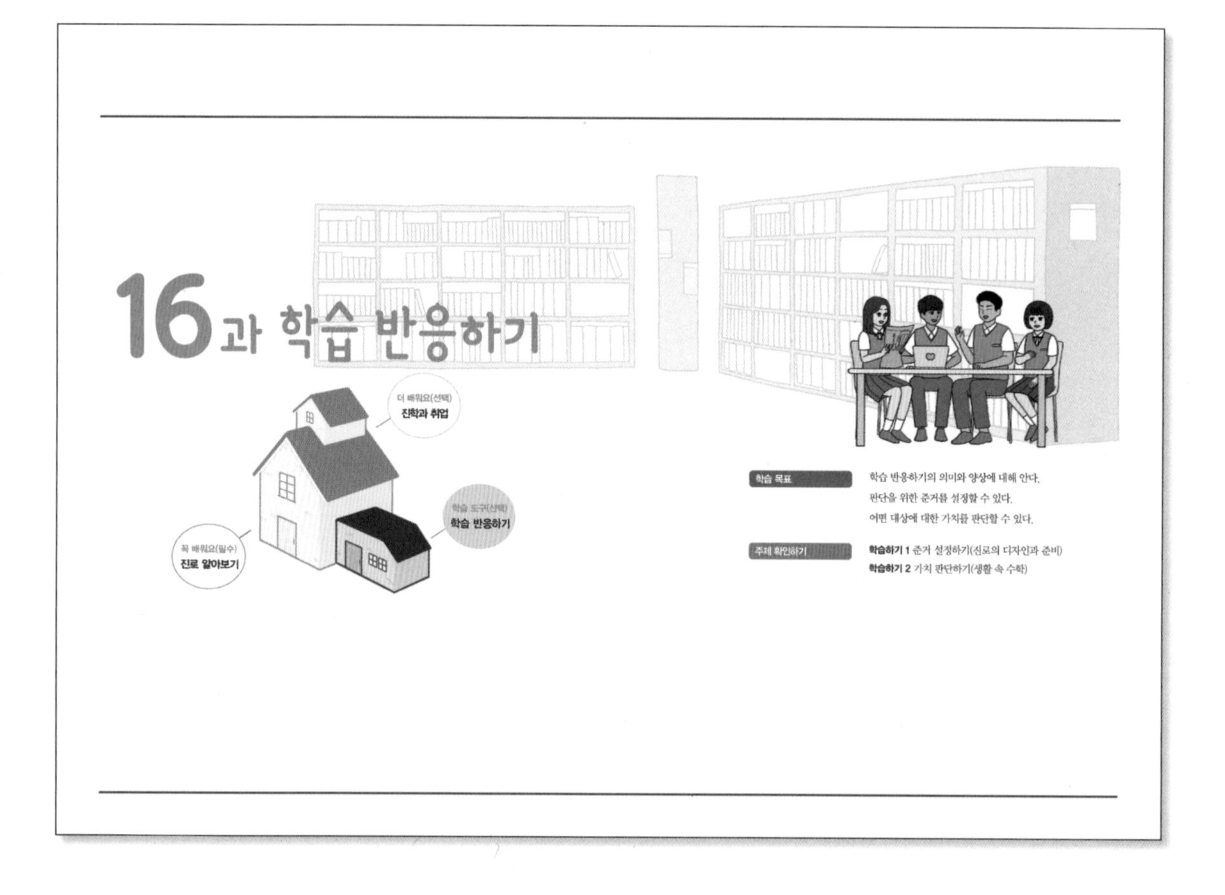

학습하기 1	**학습 기능**	학습 반응하기에서 준거 설정하기 기능을 배운다. 준거 설정하기란 사물 또는 일의 정도나 성격 등을 알기 위한 근거나 기준을 정하는 것을 말한다.
	학습 도구 한국어 어휘 및 문법	반응하다, 준거, 만족도, 성취, 안정성, 자율성, 계발, 사회적, 나열, 절대적, 상대적, 시점, 선호하다
학습하기 2	**학습 기능**	학습 반응하기에서 가치 판단하기 기능을 배운다. 가치 판단하기란 기준에 따라 어떤 대상이나 일에 대해 '좋다, 나쁘다, 옳다, 그르다' 등과 같이 생각을 정하는 것을 말한다.
	학습 도구 한국어 어휘 및 문법	학문, 밀접하다, 분배하다, 적용하다, 유용하다, 합리적, 지표, 규범적, 확률, 실용성, 전제

학습 도구 어휘 및 문법 확인하기

1. 다음 (　　　)에 알맞은 것을 고르세요.

(1) 이 그릇은 모양은 예쁜데 잘 깨져 (　　　)이 떨어진다.

① 실용성　② 중요성　③ 타당성　④ 통일성

(2) 반장은 생일 케이크를 똑같이 나누어 친구들에게 (　　　).

① 분류했다　② 분배했다　③ 조절했다　④ 조합했다

(3) 학생들은 노트북을 가지고 다니는 경우가 많아서 가벼운 제품을 (　　　).

① 상상한다　② 선호한다　③ 적용한다　④ 표시한다

(4) 김 작가의 신작 소설에 대해 독자들이 긍정적인 (　　　)을/를 보이고 있다.

① 대비　② 반응　③ 발생　④ 조사

2. 다음 밑줄 친 부분과 의미가 비슷한 것을 고르세요.

> 심사 위원은 분명한 심사 <u>기준</u>을 가지고 작품을 평가해야 한다.

① 유추　② 종류　③ 준거　④ 측면

3. 다음 밑줄 친 부분과 의미가 반대인 것을 고르세요.

(1) 이 참고서는 내용이 너무 간단해서 혼자 공부할 때는 <u>쓸모가 없다</u>.

① 밀접하다　② 완벽하다　③ 유용하다　④ 특이하다

(2) 한국 농구 팀 선수들은 보통 사람과 비교하면 키가 크나 미국 선수들보다 <u>상대적</u>으로 작은 편이다.

① 사회적　② 안정적　③ 절대적　④ 합리적

학습 활동 확인하기

1. 학습 반응하기에 대한 설명으로 맞으면 ○, 틀리면 × 하세요.

(1) 표정을 찡그리는 것은 학습에 대해 잘 이해하고 있음을 나타낸다. (　　)

(2) 단순히 고개만 끄덕이는 것은 학습에 대한 반응이라고 보기 어렵다. (　　)

(3) 문학 작품에 대한 감상을 표현하는 것도 반응하기의 유형 중 하나이다. (　　)

2. 다음을 읽고 알맞은 것을 고르세요.

> 어떤 사실이나 현상, 누군가의 행동이나 생각에 대해 옳고 그름을 이야기하고 더 나아가 그러한 것들의 가치를 따져 보는 것

☐ 평론하기　　☐ 감상 표현하기　　☐ 단순 반응 신호 보내기

알면 쓸모 있는 어휘

- **끄덕이다** 머리를 가볍게 아래위로 움직이다.
- **호응하다** 상대방의 부름이나 물음에 대답하거나 요구에 맞춰 행동하다.
- **따지다** 옳고 그름, 맞고 틀림 등을 자세히 밝히고 가리다.
- **찡그리다** 얼굴의 근육이나 눈살에 힘을 주어 주름이 잡히게 하다.
- **지적하다** 잘못된 점이나 고쳐야 할 점을 가리켜 말하다.
- **받아들이다** 의견이나 비판 등을 찬성하고 따르다.

학습 활동 더 알아보기

〈학습 반응하기에서 듣기의 중요성〉

수업 시간에 선생님의 말씀을 듣고 적절하게 반응해야 한다. 그렇게 하려면 먼저, 선생님의 말을 잘 들어야 한다. 듣기는 말하는 사람의 이야기를 듣고 내용을 요약하거나 중심 생각을 파악하는 것, 또 화자가 말하는 내용에 대해 비판하거나 화자의 의도를 파악하는 모든 활동을 말한다.

〈목적에 따른 듣기 방법〉

- **이해를 위한 듣기**: 말하는 사람이 전달하는 내용을 정확하게 이해하기 위해 듣는 것을 말한다. 이해를 위한 듣기를 할 때는 중요한 내용을 파악하면서 메모하는 것이 좋다.
- **평가를 위한 듣기**: 화자의 의견이나 주장의 타당성, 공정성 등을 평가하기 위해 듣는 것을 말한다. 평가를 위한 듣기를 할 때는 화자의 의도나 목적을 파악해야 한다. 또한 의견과 사실을 구별해야 하며, 화자의 주장이 타당하고 논리적인지 판단해야 한다.
- **감상을 위한 듣기**: 즐거움을 얻고 긴장감을 해소하기 위해 듣는 것을 말한다. 감상을 위한 듣기를 할 때는 상대방에게 긍정적인 반응을 보여 주는 것이 좋다.

〈바람직한 듣기 자세〉

- 말하는 내용을 판단하며 듣기
- 중요한 내용은 메모를 하며 듣기
- 긍정적인 반응을 보여 주며 듣기
- 예의를 갖추고 주의를 집중하며 듣기
- 상대방에 대한 선입견을 가지지 않고 듣기

준거 설정하기 / 학습 기능 확인하기

준거 설정하기란?

사물 또는 일의 정도나 성격 등을 알기 위해 근거나 기준을 정하는 것을 말한다.

준거를 설정하기 위해서는 우선 목표가 무엇인지 분명하게 알아야 해요. 평가하는 내용이 복잡하면 준거도 다양하게 설정해야 해요. 그리고 '열심히 했다'와 같은 과정보다는 '문제가 해결되었는가?'와 같은 결과를 중심으로 준거를 설정해야 해요.

준거의 유형은 크게 네 가지로 분류할 수 있어요.
① 효과: 주어진 목적과 관중에 대한 수행의 성공
② 내용: 지식, 기능의 숙달 정도
③ 질: 전체적인 수준, 솜씨(창의성, 유창성, 색채, 표의 깔끔함)
④ 과정: 수행 중에 사용된 절차 및 방법의 적절성, 협동성

학습 기능 익히기

▨ 준거 설정하기에 대한 설명으로 맞으면 ○, 틀리면 × 하세요.

(1) 준거를 설정하는 목적과 이유가 무엇인지 알아야 한다. (　　)

(2) 준거는 중요도나 선후 관계에 따라 하위 구분할 수 있다. (　　)

(3) 준거는 미리 설정한 목표를 근거로 한 절대적 준거로만 구분할 수 있다. (　　)

학습 기능 더 익히기

다음을 읽고 준거를 설정해 보세요.

독서 활동 계획서를 작성하고 있다. 어떤 책을 읽으면 좋을지 준거를 설정하여 읽을 책을 선정하려고 한다.

독서 활동 계획서

1학년 1반 김소연

분야	책 제목	글쓴이	선정 이유

고려 사항	기준
분량	- 정해진 기간 안에 읽을 수 있을까?
분야	- 내가 흥미가 있는 분야인가?
내용	- -
작가	- -

가치 판단하기 / 학습 기능 확인하기

가치 판단하기란?

기준에 따라 어떤 대상이나 일에 대해 '좋다, 나쁘다, 옳다, 그르다' 등과 같이 생각을 정하는 것을 말한다.

'가치 판단'은 주관적인 가치와 관련이 있어요. 그래서 가치 판단에 관한 문제는 참과 거짓으로 구분하는 것이 쉽지 않아 정답을 찾기가 어려워요.
'사실 판단'은 참과 거짓의 구분이 가능하기 때문에 관련된 문제에 대한 정답이 존재해요. 이때 객관적인 근거가 뒷받침되어야 해요.

학습 기능 익히기

▨ 다음 중 가치 판단과 관련된 것에 ○, 관련이 없는 것에 × 하세요.

(1) 노란색 개나리는 예쁘다. (　　)

(2) 영수는 우리 반 반장이다. (　　)

(3) 여기는 경치가 정말 좋다. (　　)

(4) 와니는 친구들 중 가장 성실하다. (　　)

(5) 분리배출을 안 하는 것은 환경을 오염시키는 일이다. (　　)

(6) 수호는 어제 무거운 짐을 들고 가시는 할머니를 도와드렸다. (　　)

학습 기능 더 익히기

▨ 다음을 읽고 작품의 가치를 판단해 보세요.

영수는 미술 수행 평가를 위해서 재활용품을 활용해 화분을 만들었다. 오늘 선생님과 반 친구들 앞에서 작품의 가치를 평가받는다.

- 작품명: 희망의 꽃
- 목적: 식물 기르기가 취미인 어머니께 재활용품을 활용하여 화분을 만들어 드리기 위해
- 장점
  - 버려지는 플라스틱 병을 재활용하여 화분을 만듦으로써 환경을 보호할 수 있음.
  - 원하는 크기로 화분을 만들 수 있음.
  - 자신이 원하는 대로 화분을 꾸밀 수 있음.
- 아쉬운 점: 원하는 크기로 플라스틱 병을 잘라 사용하다 보니 버려지는 부분이 생김.

작품의 가치: ______________________________

____

____

정답

1과 계획서 작성하기

[학습 도구 어휘 및 문법 확인하기]

1. (1) ② (2) ② (3) ③
2. (1) 부족하니 (2) 오니
3. (1) 에 대해 (2) 에 따라

[학습 활동 확인하기]

1. (1) ○ (2) × (3) ○
2. (㉣) → (㉠) → (㉡) → (㉢)

학습 기능: 세부 목표 설정하기
[학습 기능 익히기]

①

[학습 기능 더 익히기]

예시 답안)
2) 모두가 함께할 수 있는 장소를 찾는다.
3) 다 같이 모일 수 있는 시간을 확인한다.

학습 기능: 순서 정하기
[학습 기능 익히기]

②

[학습 기능 더 익히기]

(1) 문화재
(2) 박물관과 사진 전시회, 문화재
(3) 박물관, 사진 전시회, 문화재

2과 협동 학습 하기

[학습 도구 어휘 및 문법 확인하기]

1. (1) ④ (2) ① (3) ③
2. (1) 흔들며 (2) 하며
3. ②
4. ③

[학습 활동 확인하기]

1. (1) ○ (2) × (3) ○
2. ☑ 조정하기

학습 기능: 제안하기
[학습 기능 익히기]

③

[학습 기능 더 익히기]

예시 답안)
③ 좋은 생각이야. 그리고 줄임말을 사용하면 서로 통하는 느낌이 들어 사이가 매우 가까워질 수 있다는 것도 근거가 될 수 있을 것 같아.

학습 기능: 조정하기
[학습 기능 익히기]

④

[학습 기능 더 익히기]

예시 답안)
주장1 : CCTV는 사람들에게 주의를 주기 때문에 싸움, 안전사고 등 여러 가지 학교 문제가 생기지 않게 미리 막을 수 있다.
주장2 : 사고가 생겼을 때 CCTV를 확인해서 사고의 잘못이 누구에게 있는지 확인할 수 있다.

3과 보고서 쓰기

[학습 도구 어휘 및 문법 확인하기]

1. (1) ③ (2) ③ (3) ②
2. (1) 학생 수에 비해
   (2) 저학년 학생에 비해
3. (1) ② (2) ③

[학습 활동 확인하기]

1. (㉠) → (㉢) → (㉣) → (㉡)
2. (1) ○ (2) ○ (3) ×

학습 기능: 요약하기

[학습 기능 익히기]

예시 답안)

그녀가 그린 (곤충 그림을 닭이 먹으려고 했다는) 이야기를 통해 그녀의 (그림 솜씨가 얼마나 훌륭했는지를) 알 수 있다.

[학습 기능 더 익히기]

예시 답안)

1. 설명문의 정의: 설명문은 정보 전달을 목적으로 어떤 대상에 대한 지식이나 정보를 이해하기 쉽게 풀어서 쓴 글이다.
2. 설명문의 특성: 첫째, 설명문은 객관적이어야 한다. 둘째, 설명문의 내용은 정확해야 한다. 셋째, 설명문은 읽는 사람이 이해하기 쉽게 작성해야 한다.

학습 기능: 정교화하기

[학습 기능 익히기]

③

[학습 기능 더 익히기]

예시 답안)

빨간색, 주황색, 노란색 등은 따뜻한 색의 예이다. 반대로 차가운 색에는 파란색, 남색, 보라색 등이 있다.

4과 모둠 활동 하기

[학습 도구 어휘 및 문법 확인하기]

1. (1) ① (2) ① (3) ④
2. (1) 보고서에 그림 자료를 추가해야 함
   (2) 토의를 하면 다양한 의견을 알 수 있음
3. (1) ② (2) ②

[학습 활동 확인하기]

1. (1) ○ (2) × (3) ○
2. ③

학습 기능: 정보 수집하기 및 공유하기

[학습 기능 익히기]

④

[학습 기능 더 익히기]

예시 답안)

나는 이전 대회에서 상을 받은 사람들의 인터뷰 자료를 찾아봤어. 인터뷰를 보면 새로운 내용의 영상, 다른 팀과 차별되는 특징 등이 평가에 중요한 부분인 것 같아.

학습 기능: 토의하기

[학습 기능 익히기]

④

[학습 기능 더 익히기]

예시 답안)

- 우리 동네 길거리에 버려진 쓰레기를 줍는 봉사 활동은 어때? 거리도 가깝고 언제든지 할 수 있어서 좋은 것 같아.
- 우리가 그동안 해 보지 않은 새로운 봉사 활동은 어때? '목소리 기부'가 뭔지 들어 봤어? '목소리 기부' 봉사는 앞을 보지 못하는 사람들을 위해 책을 읽어 주는 봉사 활동이야.

5과 책 읽기

[학습 도구 어휘 및 문법 확인하기]

1. (1) ① (2) ① (3) ③
2. (1) 풀어 봄으로써 (2) 노력함으로써
3. (1) ④ (2) ③

[학습 활동 확인하기]

1. (1) ○ (2) × (3) × (4) ○
2. ②

학습 기능: 주제 찾기

[학습 기능 익히기]

④

[학습 기능 더 익히기]

예시 답안)

(1) - 첫 번째 문단: 나무꾼이 나무를 하다가 자신의 도끼를 연못에 빠뜨렸다.
- 두 번째 문단: 산신령이 나타나 금도끼와 은도끼 중 어느 것이 나무꾼의 것이냐고 물었다.

- 세 번째 문단: 나무꾼은 자신의 도끼가 쇠도끼라고 진실을 말해서 산신령에게 금도끼와 은도끼를 모두 상으로 받았다.

(2) - 거짓말을 하지 않고 정직하게 살면 복이 온다.

학습 기능: 추론하기

[학습 기능 익히기]

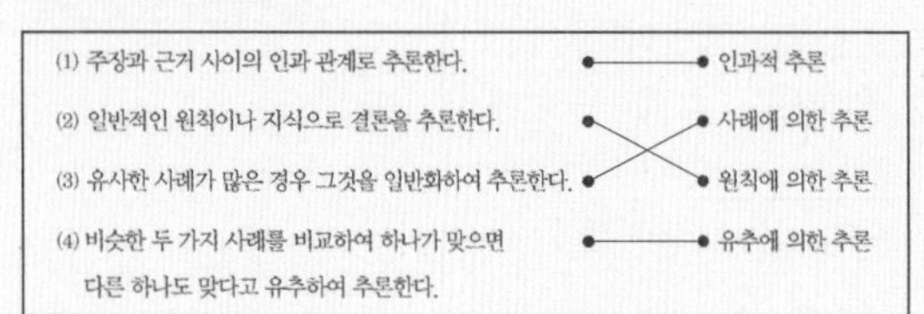

(1) 주장과 근거 사이의 인과 관계로 추론한다. ― 인과적 추론
(2) 일반적인 원칙이나 지식으로 결론을 추론한다. ― 원칙에 의한 추론
(3) 유사한 사례가 많은 경우 그것을 일반화하여 추론한다. ― 사례에 의한 추론
(4) 비슷한 두 가지 사례를 비교하여 하나가 맞으면 다른 하나도 맞다고 유추하여 추론한다. ― 유추에 의한 추론

[학습 기능 더 익히기]

[illegible]

6과 필기하기

[학습 도구 어휘 및 문법 확인하기]

1. (1) ② (2) ③ (3) ③ (4) ② (5) ②
2. (1) ③ (2) ④

[학습 활동 확인하기]

㉠ 제목 영역: ⓑ 단원명이나 수업의 주제를 적는다.

㉣ 핵심 개념 영역: ⓓ 핵심 개념을 핵심 단어나 질문으로 표현한다.

㉡ 노트 정리 영역: ⓒ 수업을 들으면서 수업 내용을 메모한다.

㉢ 요약정리 영역: ⓐ 중요한 내용을 요약한다.

학습 기능: 메모하기

[학습 기능 익히기]

①

[학습 기능 더 익히기]

예시 답안)

- 나: 호랑이와 원숭이
- ★대상 사이의 관계 중요시
- 이 실험과 비슷한 또 다른 실험이 있을까?

학습 기능: 분류하기

[학습 기능 익히기]

④

[학습 기능 더 익히기]

예시 답안)

분류 기준	빨간색	주황색	노랑색	초록색
1. 껍질 색깔	사과, 딸기	감, 귤	배, 레몬, 참외	수박

분류 기준	10개 미만	10개 이상
2. 씨의 개수	사과, 배, 감, 레몬, 귤	딸기, 수박, 참외

7과 복습하기

[학습 도구 어휘 및 문법 확인하기]

1. (1) ② (2) ③ (3) ② (4) ③
2. ②
3. ②

[학습 활동 확인하기]

1. ③
2. (1) × (2) ○ (3) ○

학습 기능: 구성 요소와 속성 확인하기

[학습 기능 익히기]

(1) ○ (2) × (3) ○

[학습 기능 더 익히기]

예시 답안)

점검 내용	네	아니요	보완 사항
1. 관찰 도구를 잘 준비했는가?	V		
2. 선택한 식물을 관찰했는가?	V		
3. 식물에 대한 자료를 충분히 수집했는가?		V	식물이 왜 그 이름을 갖게 되었는지, 식물에 대한 재미있는 이야기가 있는지 백과사전과 인터넷에서 좀 더 찾아보기
4. 일정에 맞춰 탐구를 진행했는가?		V	관찰 내용을 정리하는 데 시간이 하루가 더 걸렸음. 일정을 조금 수정할 필요가 있음

학습 기능: 핵심 정리하기

[학습 기능 익히기]

(ㄴ) → (ㄷ) → (ㄱ)

[학습 기능 더 익히기]

예시 답안)

1. 칭찬의 힘
2. 칭찬, 자신감, 진심, 용기, 힘, 엄청나다
3. 진심으로 하는 칭찬은 용기와 자신감을 주는 엄청난 힘을 가지고 있다.

8과 점검하기

[학습 도구 어휘 및 문법 확인하기]

1. (1) ③ (2) ② (3) ①
2. (1) ① (2) ④
3. (1) ③ (2) ③

[학습 활동 확인하기]

1. 점검표
2. ④

학습 기능: 양상 확인하기

[학습 기능 익히기]

④

[학습 기능 더 익히기]

예시 답안)

1. 처음에는 보이지 않다가 오른쪽부터 나타나기 시작한다. 점점 왼쪽으로 커지면서 동그라미 모양으로 가득 찬다. 그다음에 달의 오른쪽부터 없어지기 시작한다.
2. 달은 동쪽에서 떠서 남쪽을 지나 서쪽으로 진다.

학습 기능: 관계 파악하기

[학습 기능 익히기]

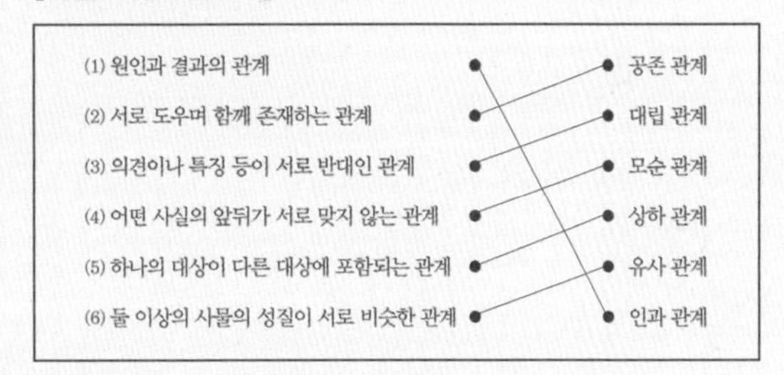

[학습 기능 더 익히기]

1 ㅂ

2 ㄱ

9과 문제 풀기

[학습 도구 어휘 및 문법 확인하기]

1. (1) ① (2) ② (3) ③
2. (1) ③ (2) ③
3. (1) ① (2) ④

[학습 활동 확인하기]

1. (1) 용어 (2) 탐구 활동 (3) 단락 (4) 공식

학습 기능: 문제 해결하기

[학습 기능 익히기]

예시 답안)

단서: 겨울 방학, 오스트레일리아, 시드니, 남반구, 반팔 티셔츠, 반바지, 선크림

[학습 기능 더 익히기]

예시 답안)

환경 문제	원인 분석	해결 방안
대기 오염	대기 오염은 공장과 자동차의 매연이 원인이다.	-자동차보다는 대중교통을 이용한다. -공장에서는 정화기를 설치한다.
수질 오염	수질 오염은 공장의 폐수와 생활에서 사용하는 세제, 샴푸 등이 원인이다.	-공장은 폐수 처리장을 설치한다. -세제 대신에 비누를 사용한다. -샴푸를 적게 사용한다.

학습 기능: 오류 확인하기

[학습 기능 익히기]

☑ 어휘력 부족

[학습 기능 더 익히기]

이름	선영
이유	볼록 렌즈로 물체를 가까이에서 보면 크게 보인다.

10과 발표하기

[학습 도구 어휘 및 문법 확인하기]

1. (1) ① (2) ② (3) ④
2. (1) 이루고자 (2) 만들고자
3. (1) ④ (2) ①

[학습 활동 확인하기]

1. ㉦ → (㉥) → (㉢) → (㉡) → ㉣ → (㉤) → (㉠)
2. (1) ○ (2) ○ (3) ×

학습 기능: 표현하기

[학습 기능 익히기]

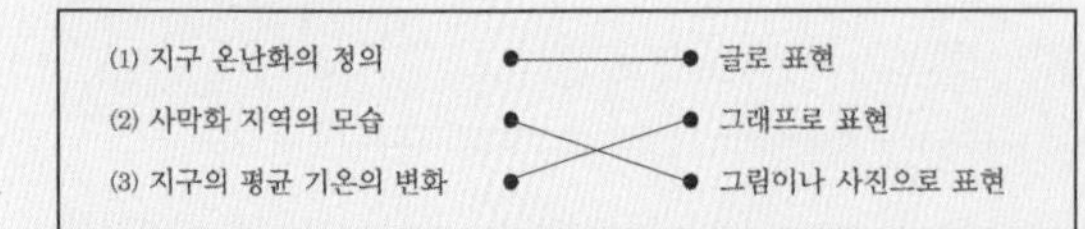

[학습 기능 더 익히기]

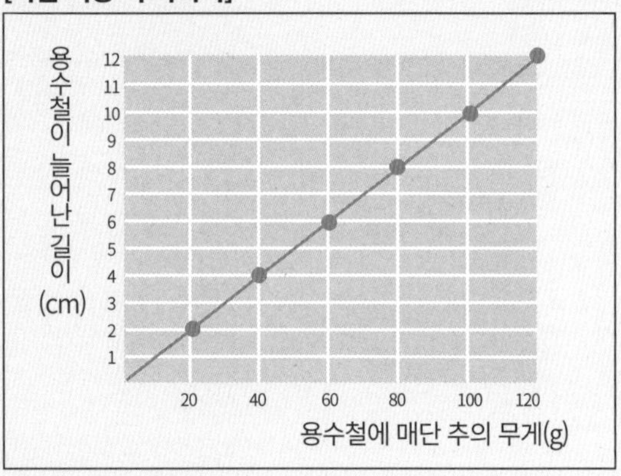

학습 기능: 재구조화하기

[학습 기능 익히기]

1. 환경 오염의 정의 및 종류
2. 대기 오염, 수질 오염, 토양 오염이 환경에 미치는 영향
3. 환경 오염을 해결하기 위한 정부의 노력
4. 환경 보호를 위해 우리가 할 수 있는 일

[학습 기능 더 익히기]

예시 답안)

1. 신재생 에너지: 신에너지 + 재생에너지
   신에너지: 기존의 화석 연료를 다르게 바꾸어 이용하는 에너지
   재생에너지: 자연의 햇빛, 강수 등을 다르게 바꾸어 이용하는 에너지 신재생 에너지에는 태양광 발전, 풍력 발전, 조력 발전, 연료 전지 등이 있다.
2. 신재생 에너지의 필요성: 화석 연료의 양이 정해져 있고 화석 연료가 다시 만들어지는 데 시간이 오래 걸린다는 문제점이 있다.

11과 토론하기

[학습 도구 어휘 및 문법 확인하기]

1. (1) ② (2) ② (3) ①
2. (1) 넣으십시오
   (2) 조용히 해 주십시오
3. (1) ② (2) ②

[학습 활동 확인하기]

1. ☑ 사회자
2. (1) ✕ (2) ✕ (3) ○

학습 기능: 질문하기

[학습 기능 익히기]

예시 답안)

- 인터넷 실명제를 실시하면 악플이 사라질 것이라고 생각합니까?
- 인터넷 실명제를 실시하면 표현의 자유에 제한이 생긴다고 생각하지 않습니까?

[학습 기능 더 익히기]

예시 답안)

- 청소년이 SNS를 사용하는 또 다른 이유는 뭐가 있습니까?
- SNS를 사용하는 비율이 점점 높아진다고 했는데 어떻게 변화하고 있는지 알려 줄 수 있습니까?
- 청소년의 SNS 사용이 어른들의 SNS 사용과는 어떤 차이가 있습니까?

학습 기능: 진위 확인하기

[학습 기능 익히기]

(1) 대한산에서 발생한 안전사고의 횟수는? — 안전사고 통계 자료
(2) 대한산에 케이블카가 생긴다면 이용할 것인가? — 방문객 설문 조사
(3) 산의 지형상 케이블카 설치가 가능한가? — 전문가와 인터뷰

[학습 기능 더 익히기]

예시 답안)

자료 출처	뉴스, 기후 변화로 김장철도 늦어진다?(2018년 11월 25일)
원문	http://news.khan.co.kr/kh_news/khan_art_view.html?artid=201811251457001&code=940100#csidx23dab39ec21f419941967f021fc5fe7
자료 내용	기후 변화로 김장 시기도 대체로 늦어지는 추세다. 서울은 1920년대에는 11월 21일이었는데 2000년대 들어 12월 3일로 알맞은 시기가 12일 정도 늦어졌다. 국립기상과학원에서 지난 106년 동안 한반도 기후 변화를 연구한 결과에서도 겨울이 109일에서 91일로 크게 줄은 것으로 나타났다. 겨울의 시작 시점도 5일 늦어진 것으로 분석됐다.

12과 실험하기

[학습 도구 어휘 및 문법 확인하기]

1. (1) ③ (2) ② (3) ④ (4) ③
2. (1) 내리나 (2) 읽었으나
3. ②

[학습 활동 확인하기]

1. ㉡ → (㉣) → ㉥ → (㉠) → (㉤) → (㉢)
2. ①

학습 기능: 증명하기

[학습 기능 익히기]

③

[학습 기능 더 익히기]

- 남부 지방은 날씨가 비교적 따뜻해서 바람이 잘 통하는 일자(ㅡ) 모양으로 집을 지었대.
- 위의 세 가지 사례를 통해 한옥의 모양이 다른 것은 기후와 상관이 있다는 가정이 증명되었다.

학습 기능: 비교하기

[학습 기능 익히기]

①

[학습 기능 더 익히기]

	동물	식물
움직임	스스로 움직임.	스스로 움직일 수 없음.
영양분	다른 생물을 먹어서 얻음.	광합성을 통해 만듦.
번식	새끼나 알	씨나 포자
외부 자극에 대한 반응	반응이 빠름.	반응이 느림.
분류	척추동물과 무척추동물로 나뉨.	꽃식물과 민꽃식물로 나뉨.

13과 평가받기

[학습 도구 어휘 및 문법 확인하기]

1. (1) ④ (2) ① (3) ④ (4) ④
2. (1) ③ (2) ② (3) ①

[학습 활동 확인하기]

1.

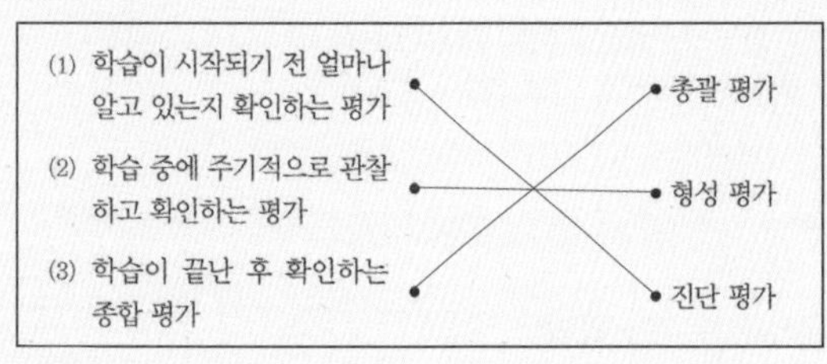

2. ④

학습 기능: 암기하기

[학습 기능 익히기]

③

[학습 기능 더 익히기]

예시 답안)

암기 방법: 노래로 외우기

(산토끼 노래)

산개 성단은 불규칙 모양이고요.

파란색 고온에 나이는 적대요.

구상 성단은 공 모양이고요.

붉은색 저온에 나이는 많대요.

학습 기능: 성찰하기

[학습 기능 익히기]

③

[학습 기능 더 익히기]

부족한 내용	– 어디에서 봉사 활동을 했는지 장소가 없다. – 봉사 활동 목적에 대해 자세히 적지 않았다.
필요 없는 내용	– 봉사 활동 결과 보고서에 교통편은 필요 없는 내용이다.

14과 예습하기

[학습 도구 어휘 및 문법 확인하기]

1. (1) ② (2) ① (3) ④
2. (1) ③ (2) ④
3. (1) ④ (2) ③

[학습 활동 확인하기]

1. ④
2. (1) × (2) ○ (3) ○

학습 기능: 예측하기

[학습 기능 익히기]

③

[학습 기능 더 익히기]

예시 답안)

- 우주 식품이란 무엇인가요?
- 우주 식품은 어떻게 만들까요?
- 동결 건조란 무엇인가요?
- 한국의 음식 중에서 우주 식품으로 개발된 것은 무엇이 있나요?

학습 기능: 의문 형성하기

[학습 기능 익히기]

②

[학습 기능 더 익히기]

예시 답안)

의문 ① 물이 얼기 전과 물이 완전히 언 후에 무게는 왜 동일할까?

의문 ② 물이 얼기 전과 물이 완전히 언 후에 부피는 왜 다를까?

15과 체험하기

[학습 도구 어휘 및 문법 확인하기]

1. (1) ④ (2) ① (3) ③ (4) ③

2. (1) ④ (2) ④
3. ①

[학습 활동 확인하기]
1. (1) ✕ (2) ○ (3) ○
2. ㉢ → (㉡) → (㉠) → (㉤) → (㉣)

학습 기능: 묘사하기
[학습 기능 익히기]
②

[학습 기능 더 익히기]
예시 답안)
저는 작년에 친구들과 부산에 있는 해수욕장에 갔습니다. 그곳은 어린아이부터 나이 많은 사람들까지 다양한 사람들이 걷고 있었습니다. 해변에는 빨간색, 하얀색 파라솔들이 줄을 지어 늘어져 있었습니다. 바다에는 튜브를 타고 노는 사람들과 수영을 하는 사람들이 가득했습니다. 바다 근처에 큰 건물이 많았습니다. 높은 건물들이 바다를 둘러싸고 있는 것 같았습니다. 파란 바다와 반짝이는 햇빛이 너무 멋졌습니다.

학습 기능: 기술하기
[학습 기능 익히기]
(가)

[학습 기능 더 익히기]
예시 답안)
녹색 댐은 다양한 효과가 있다.
첫 번째는 홍수 조절 기능이다. 많은 비가 내릴 때 홍수의 발생을 방지한다.
두 번째는 가뭄 완화 기능이다. 비가 오랫동안 오지 않아도 계곡의 물이 마르지 않게 한다.
세 번째는 수질을 깨끗하게 하는 수질 정화 기능을 한다.
마지막은 산사태 예방이다. 흙과 모래의 유출을 방지하여 산사태를 예방한다.

16과 학습 반응하기

[학습 도구 어휘 및 문법 확인하기]
1. (1) ① (2) ② (3) ② (4) ②
2. ③
3. (1) ③ (2) ③

[학습 활동 확인하기]
1. (1) ✕ (2) ✕ (3) ○
2. ☑ 평론하기

학습 기능: 준거 설정하기
[학습 기능 익히기]
(1) ○ (2) ○ (3) ✕

[학습 기능 더 익히기]
예시 답안)

고려 사항	기준
분량	- 정해진 기간 안에 읽을 수 있을까?
분야	- 내가 흥미가 있는 분야인가?
내용	- 나에게 너무 높은 수준의 책은 아닌가?
작가	- 많은 사람들이 알고 있는 작가인가?

학습 기능: 가치 판단하기
[학습 기능 익히기]
(1) ○ (2) ✕ (3) ○ (4) ○ (5) ✕ (6) ✕

[학습 기능 더 익히기]
예시 답안)
작품의 가치: 이 작품은 재활용품을 활용해서 환경 보호에 도움을 줄 수 있고, 보통의 화분의 모양이 아닌 자신이 원하는 대로 꾸밀 수 있어서 가치가 있는 것 같다.

기획·담당 연구원 —
정혜선 국립국어원 학예연구사
이승지 국립국어원 연구원
박지수 국립국어원 연구원

집필진 —
책임 집필
심혜령 배재대학교 국어국문·한국어교육학과 교수

공동 집필
내용 집필
박석준 배재대학교 국어국문·한국어교육학과 교수
오현아 강원대학교 국어교육과 교수
이선중 경희대학교 국제교육원 객원교수
황성은 배재대학교 글로벌교육부 교수
김윤주 한성대학교 크리에이티브인문학부 교수
문정현 배재대학교 미래역량교육부 교수
이미향 영남대학교 국제학부 교수
이숙진 경희대학교 국제교육원 강사
이은영 전북대학교 언어교육부 강사
홍종명 한국외국어대학교 한국어교육과 교수

연구 보조원
최성렬 호서대학교 한국어학당 강사
김미영 우석대학교 한국어교육지원센터 강사
박현경 명지대학교 국제교류원 강사
이창석 배재대학교 한국어교육학과 석사 수료
김세정 한남대학교 한국어교육원 강사
김경미 건양대학교 국제교류원 한국어교육센터 강사
주명진 인천영종고등학교 교사
김진희 대구북동중학교 교사

내용 검토
조영철 인천담방초등학교 교사
송정희 대덕중학교 교사

중학생을 위한
표준 한국어 익힘책
학습 도구

초판 1쇄 인쇄 | 2020년 1월 20일
초판 1쇄 발행 | 2020년 1월 30일

기획 | 국립국어원
지은이 | 심혜령 외
발행인 | 정은영
책임 편집 | 한미경
디자인 | 허석원, 이경진
일러스트 | 조은혜
사진 제공 | 셔터스톡

펴낸 곳 | 마리북스
출판 등록 | 제2019-000292호
주소 | (04053) 서울특별시 마포구 와우산로29길 37 301호(서교동)
전화 | 02)336-0729 팩스 | 070)7610-2870 이메일 | mari@maribooks.com
인쇄 | (주)현문자현

ISBN 979-11-89943-17-2 (54710)
979-11-89943-10-3 (set)